Les recettes figurant dans cet ouvrage
sont extraites de
« Faites vos glaces et votre confiserie comme Lenôtre »
aux Éditions Flammarion
ISBN 2.08.200.852-5
Dépôt légal mai 1984
Imprimé en Italie

GRAND CHEF

LENÔTRE

Desserts Glacés

Photos de Pierre Ginet

flammarion

Les Glaces aux Oeufs

Conseils généraux

Glace à la crème et aux œufs frais :
Elle est composée de lait, de jaunes d'œufs, de sucre et de crème non acide. Les glaciers font bouillir la crème de façon à éliminer tout germe et tout risque de fermentation. Pour votre usage personnel vous pouvez l'incorporer crue, mais n'omettez surtout pas de faire bouillir le lait avant de mettre les autres ingrédients.
La préparation augmente de volume pendant le turbinage. Un litre de glace pèse entre 800 et 850 g.

Glace à la vanille

PRÉPARATION : 20 MN
CUISSON : 15 MN
REFROIDISSEMENT : 30 MN
TURBINAGE : ENVIRON 30 MN

C'est une excellente sauce à la vanille glacée, son parfum subtil se marie très bien avec le chocolat, le café, le caramel et le praliné, la fraise et la framboise.

Portez à ébullition le lait, la moitié du sucre et la gousse de vanille fendue dans la longueur. Ôtez la casserole du feu et laissez infuser la vanille pendant 10 mn en couvrant la casserole.
Dans un bol fouettez à vitesse moyenne les jaunes d'œufs avec le reste du sucre pendant 1 mn pour les blanchir.

POUR 1 LITRE :

1/2 LITRE DE LAIT
1 GOUSSE DE VANILLE
210 G DE SUCRE SEMOULE
6 JAUNES D'ŒUFS
1/4 DE LITRE DE CRÈME FRAÎCHE TRÈS DOUCE

Remettez la casserole sur le feu ; lorsque le lait est bouillant, versez-en un peu sur les jaunes en fouettant et reversez le tout dans la casserole sur feu doux, en vannant sans arrêt avec la spatule de bois.

Conseils de cuisson valables pour toutes les glaces : Le mélange ne doit surtout pas bouillir, il est préférable d'utiliser un thermomètre à sucre afin d'arrêter la cuisson à 83° exactement. Continuez à vanner hors du feu, la température monte encore de 2°.
On sent très vite l'appareil commencer à épaissir ; sur la spatule soulevée horizontalement tirez un trait avec l'index, s'il reste bien marqué, la sauce est prise car elle nappe la spatule. Retirez du feu, enlevez la vanille et incorporez la crème fraîche en tournant. L'apport de crème arrête immédiatement la cuisson.

Si en cours de cuisson la sauce bout et tourne, fouettez-la vivement au mixer en ajoutant tout de suite une cuillerée de lait froid ou de crème froide.
Versez l'appareil dans le cul-de-poule posé dans un bain de glaçons et d'eau. Vannez de temps en temps ; le refroidissement dure environ 30 mn. Mettez en sorbetière.
Accompagnement : Coulis de fruits frais, sauce à profiteroles.
Conservation : 15 jours au congélateur, moulée ou détaillée en boules pour la préparation de coupes glacées.

Glaces panachées à la vanille

PRÉPARATION : 15 MN
CONGÉLATION : 3 A 4 H

POUR 1 LITRE :

1/2 LITRE DE GLACE A LA VANILLE (P. 7)
1/2 LITRE DE SORBET AUX FRAISES (P. 28)
OU 1/2 LITRE DE SORBET AUX FRAMBOISES (P. 28)
OU 1/2 LITRE DE GLACE FIN MOKA (P. 15)
OU 1/2 LITRE DE PARFAIT AU CHOCOLAT (P. 42)
MOULE AVEC COUVERCLE, PALETTE

Les quelques idées de composition données dans cette recette ne sont pas limitatives. Elles ne sont données qu'à titre indicatif et vous pouvez laisser libre cours à votre imagination. Retenez toutefois que les sorbets et les parfaits fondant plus vite que les glaces, on les protège en chemisant d'abord le moule avec une glace.

Chemisage : Mettez le moule à refroidir pendant 15 mn au congélateur. Chemisez-le de glace à la vanille (assouplie, si elle est trop dure, par un passage de 15 mn au réfrigérateur). Étalez grossièrement la glace sur les parois du moule, mettez au congélateur pendant 30 mn, puis lissez à la palette en égalisant sur chaque paroi.
Si le second parfum est un sorbet ou une autre glace, mettez le moule chemisé pendant au moins 1 h au congélateur avant de finir de le garnir, et ensuite laissez-le prendre 3 h au congélateur.
Si le second parfum est un parfait, versez-le à l'intérieur du chemisage sans attendre le durcissement, lissez la surface à la palette et mettez au congélateur pendant 3 h au moins.
Conservation : 15 jours maximum au congélateur, dans un moule bien fermé.
Démoulage : Trempez le moule 5 secondes dans un récipient rempli d'eau tiède, essuyez-le, posez le plat de service sur le côté ouvert, retournez le tout. Si nécessaire pressez légèrement sur le moule avec les deux mains de chaque côté pour aider au démoulage.

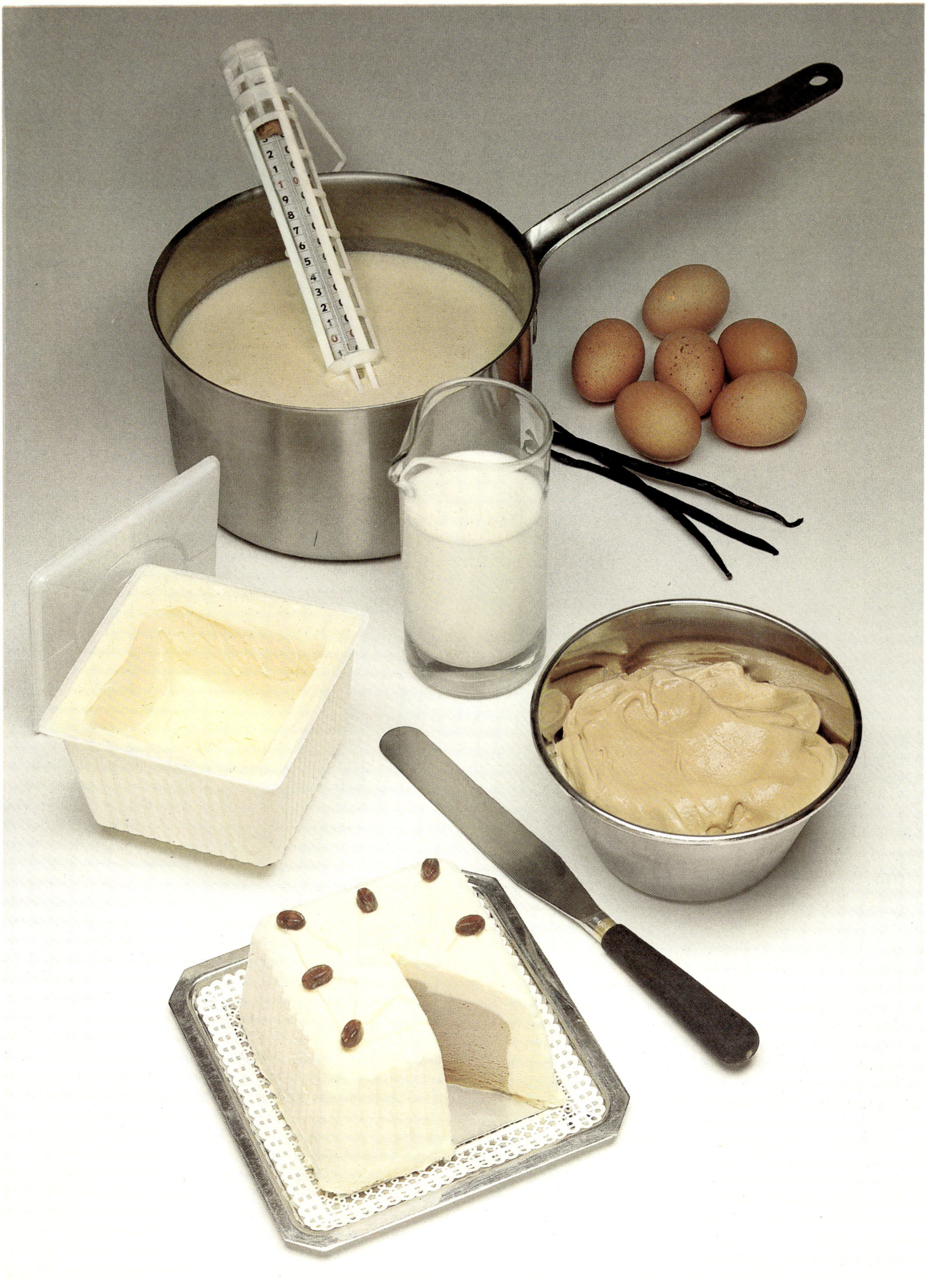

Glace panachée vanille-fin moka

Profiteroles

POUR LA PÂTE A CHOUX :

PRÉPARATION : 15 MN
CUISSON : 30 MN ENVIRON PAR PLAQUE

POUR 800 G DE PÂTE :

1/4 DE LITRE DE MÉLANGE LAIT + EAU (PAR MOITIÉ)
110 G DE BEURRE
5 G DE SEL (SOIT 2 PETITES CUILLERÉES A CAFÉ)
5 G DE SUCRE (SOIT 2 PETITES CUILLERÉES A CAFÉ)
140 G DE FARINE
5 ŒUFS
20 G DE SUCRE CRISTALLISÉ OU GROS GRAINS

Ne travaillez pas trop longtemps la pâte sinon les choux seront déformés.

Préparez les choux la veille ou le jour même pour qu'ils soient très moelleux et ne les mettez pas au congélateur car ils durciraient.
Chauffez le four à 220° (th 7).
Choisissez les œufs de telle façon que leur volume soit égal à 1/4 de litre, 5 œufs peuvent en effet être d'un volume nettement inférieur ou supérieur, ce qui fausserait le rapport des quantités dans cette recette.
Mettez dans une casserole le mélange eau et lait, le sel, le sucre et le beurre.
Chauffez doucement : dès le début de l'ébullition, ôtez du feu, ajoutez la farine. Desséchez la pâte pendant 1 mn en remettant sur le feu en tournant à la spatule. Transvasez dans un cul-de-poule chaud, incorporez 2 œufs entiers en fouettant quelques secondes, puis 2 autres œufs très rapidement, puis le dernier œuf. Arrêtez de fouetter dès que la pâte est homogène.
Sur les plaques du four graissées, ou mieux sur deux feuilles de papier siliconé collées par une noisette de pâte aux quatre coins, dressez à la poche à douille des choux ronds ∅ 4 cm. Saupoudrez-les de sucre cristallisé ou gros grains.
Pour que la pâte à choux ne craque pas, cuisez-la dès qu'elle est prête. Cuisez à 220° (th 7) pendant 15 mn puis à 200° (th 6) pendant 15 mn encore, en maintenant le four entrouvert avec une cuiller. Les pièces doivent rester moelleuses ; surveiller la cuisson de près car la pâte à choux sèche n'est pas bonne.

POUR LA SAUCE PROFITEROLES :
PRÉPARATION : 10 MN
CUISSON : 5 MN

POUR 4 DL DE SAUCE :
2 DL D'EAU
180 G DE SUCRE SEMOULE
60 G DE CACAO AMER EN POUDRE
100 G DE CRÈME TRÈS FRAÎCHE NON ACIDE

Préparation de la sauce :
Dans la casserole, portez à ébullition l'eau et le sucre, en tournant avec une spatule. Dans le cul-de-poule contenant le cacao, versez ce mélange chaud en fouettant et retransvasez dans la casserole sur le feu.
Attention, le mélange attache et monte comme du lait. Continuez à fouetter et versez la crème fraîche. Reportez à ébullition et arrêtez la cuisson.

POUR LES PROFITEROLES :
PRÉPARATION : 15 MN
CUISSON : 5 MN

POUR 8 PERSONNES :
40 CHOUX EN PÂTE A CHOUX
3/4 DE LITRE DE GLACE VANILLE (P. 7)
4 DL DE SAUCE A PROFITEROLES

Préparation des profiteroles :
Au moment de servir, fendez les choux sur un côté avec un couteau-scie et garnissez-les de glace à l'aide d'une petite cuiller. Servez nappé de sauce chaude.

Conseils : Vous pouvez inverser les parfums, en servant les profiteroles à la glace au chocolat avec une sauce à la vanille ou remplacer la glace à la vanille par de la glace fin moka.

Omelette norvégienne

Photo page 12

PRÉPARATION : 20 MN
CUISSON : 5 MN
REFROIDISSEMENT : 15 MN
CONGÉLATION : 4 H MINIMUM

POUR 10 PERSONNES :

1 LITRE DE GLACE A LA VANILLE (P. 7)
FOND RECTANGULAIRE DE 30 × 20 CM DE BISCUIT A LA CUILLER, OU DE BISCUITS AUX AMANDES (P. 55)
2 DL DE SIROP PRÉPARÉ AVEC :
1,2 DL DE SIROP A 28° B (P. 57)
8 CL DE KIRSCH
100 G DE FRUITS CONFITS HACHÉS

MERINGUE FRANÇAISE PRÉPARÉE AVEC :
3 BLANCS D'ŒUFS
2 CUILLERÉES A SOUPE DE SUCRE
75 G DE SUCRE SEMOULE ADDITIONNÉ DE 75 G DE SUCRE GLACE

DÉCOR :

50 G D'AMANDES EFFILÉES
20 G DE SUCRE GLACE
PLAT DE 35 CM DE LONG ALLANT AU FOUR

Découpez le biscuit choisi pour le fond en lui donnant la forme du plat. Coupez-le en deux dans l'épaisseur, disposez-en une moitié sur le plat. Punchez les deux parties avec 1,5 dl de sirop (à l'aide du pinceau). Mettez le tout au congélateur pendant 1 h au moins.
Faites macérer les fruits confits, au réfrigérateur, dans le reste du sirop. Préparez et turbinez la glace à la vanille, incorporez-y ensuite les fruits confits égouttés. Moulez-la en forme d'omelette ovale et rebondie sur le biscuit posé dans le plat. Recouvrez de la seconde moitié de biscuit et congelez au moins pendant 3 h. La préparation peut être faite à l'avance et se garder plusieurs jours.
Une heure avant la dégustation, préparez la meringue française crue, qui se garde facilement 1 h à température ambiante.
Meringue française crue : Montez les blancs en neige ferme en ajoutant à mi-temps 2 cuillerées à soupe de sucre semoule. Mélangez les sucres glace et semoule à travers une passoire fine, incorporez-les aux blancs montés en les versant en pluie petit à petit.
Cuisson : Chauffez le four à 200° (th 6) ou allumez le gril 1/4 d'heure à l'avance. A l'aide d'une palette, ou mieux à la poche à douille cannelée, recouvrez de meringue toute la surface du biscuit. Parsemez d'amandes effilées, saupoudrez de sucre glace et passez le plat au four 5 mn avant de servir, juste pour dorer et faire croûter la meringue.
Il est indispensable que la glace à l'intérieur de l'omelette soit très dure, afin que son passage au four ne la fasse pas fondre.
Variantes : A la saison des fruits rouges, parsemez la meringue avant cuisson de framboises et de fraises des bois.
On peut varier cette recette à l'infini en utilisant d'autres parfums de glace, voici quelques idées :
Sorbet abricot, mélangé à des morceaux d'abricots au sirop macérés pendant 1 h dans du cognac.
Glace fin moka et meringue décorée de grains de café liqueur.

Coupes individuelles

Conseils généraux : Ce sont des desserts composés qui peuvent être préparés en grande partie à l'avance. Les fruits frais ou pochés, le décor et le nappage sont mis à la dernière minute.
Avec 1 litre de glace on obtient une vingtaine de boules en utilisant une cuiller à glace d'une contenance de 1/20e de litre, taille que je vous recommande. Vous pouvez les préparer à l'avance en procédant ainsi : Mettez au congélateur, réglé au plus froid, un plat recouvert d'une feuille de papier siliconé pendant 15 mn environ. Sortez le plat, déposez chaque boule directement sur la feuille, mettez à glacer dans le congélateur. Quand les boules sont bien dures, rangez-les dans une boîte elle-même déjà glacée.
Les recettes données ci-dessous sont faites à partir de glace à la vanille, et les quantités sont données pour une coupe.
Conservation : 10 jours, dans la boîte fermée, au congélateur.

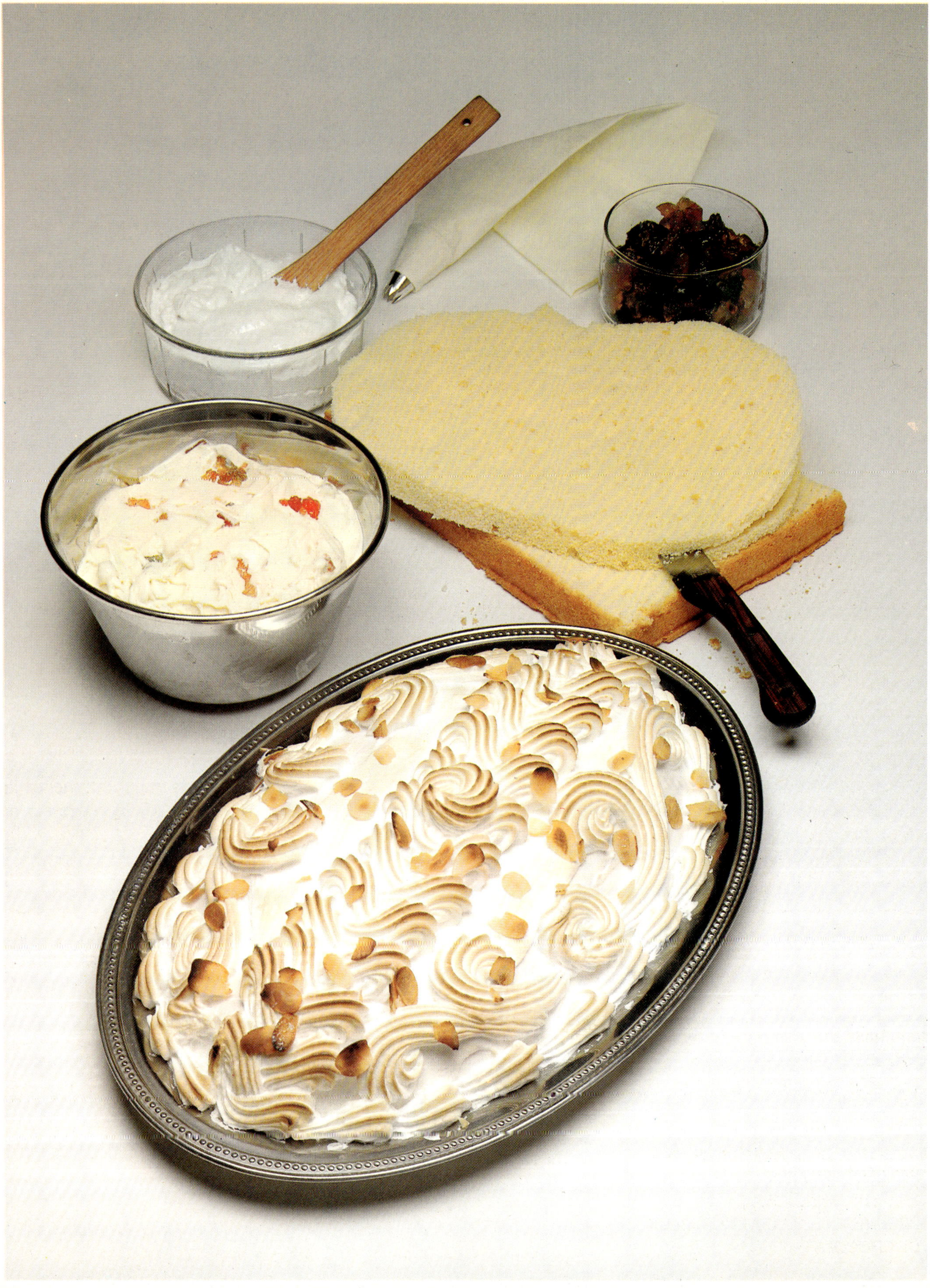

Omelette norvégienne

Coupe aux groseilles

PRÉPARATION : 10 MN
2 BOULES DE GLACE A LA VANILLE (P. 7)
1 GRAPPE DE GROSEILLE FRAÎCHES
1/2 DL DE COULIS DE GROSEILLES (P. 57)

Dans une coupe ou dans un verre, superposez les boules de glace, nappez de coulis et décorez avec la grappe de groseilles.

Coupe Juanita banana

Photo page 16

PRÉPARATION : 10 MN
2 BOULES DE GLACE A LA VANILLE (P. 7)
1/2 BANANE FENDUE DANS LA LONGUEUR
1/2 DL DE SAUCE A PROFITEROLES (P. 10)
DÉCOR :
CHANTILLY (P. 58)

Dans une assiette allongée ou en forme de demi-lune, posez les boules de glace et la demi-banane, nappez de sauce à profiteroles chaude et décorez de 2 rosaces de chantilly.

Coupe aux fruits exotiques

PRÉPARATION : 10 MN
2 BOULES DE GLACE A LA VANILLE (P. 7)
MANGUE OU PAPAYE
COULIS D'ABRICOTS (P. 57)

Mettez les deux boules de glace à la vanille dans la coupe. Épluchez la mangue ou la papaye, coupez-la en lamelles que vous disposez sur la glace. Nappez de coulis d'abricots.

Meringue glacée

PRÉPARATION : 10 MN
2 COQUES DE MERINGUE (P. 56)
1 GROSSE BOULE DE GLACE A LA VANILLE (P. 7)
DÉCOR :
SOIT CHANTILLY (P. 58) ET AMANDES EFFILÉES GRILLÉES
SOIT 1/2 DL DE SAUCE A PROFITEROLES (P. 10) ET COPEAUX DE CHOCOLAT

Dans une caissette à baba, posez 2 coques de meringue, tenez-les écartées pour placer la boule de glace entre les deux, décorez de Chantilly et d'amandes effilées ou nappez de sauce à profiteroles chaude et de copeaux de chocolat râpé avec un épluche-légumes.

Poire belle Hélène

PRÉPARATION : 10 MN

2 BOULES DE GLACE A LA VANILLE (P. 7)
1/2 POIRE POCHÉE AU SIROP
1/2 DL DE SAUCE A PROFITEROLES (P. 10)

DÉCOR :

AMANDES EFFILÉES GRILLÉES

Dans une coupe, recouvrez 2 boules de glace à la vanille d'une demi-poire au sirop. Nappez de sauce à profiteroles chaude et décorez d'amandes effilées et grillées.
La même coupe peut être réalisée avec une demi-pêche ou 2 oreillons d'abricots au sirop.

Tulipe de fruits Melba

Photo page 30

PRÉPARATION : 10 MN

POUR 500 G DE PÂTE DE LANGUES DE CHAT :

110 G DE BEURRE
130 G DE SUCRE SEMOULE
4 BLANCS D'ŒUFS (130 G)
130 G DE FARINE DITE TAMISÉE
4 GOUTTES DE VANILLE LIQUIDE OU 1 GOUSSE DE VANILLE
CARTON A ENTREMETS DE ∅ 20 CM
6 BOLS OU 3 MOULES A BRIOCHE

POUR PRÉPARER UNE TULIPE DE FRUITS :

2 BOULES DE GLACE A LA VANILLE (P. 7)
50 G DE FRUITS FRAIS OU POCHÉS
1 CUILLERÉE DE GELÉE DE GROSEILLES
AMANDES EFFILÉES

Pour la pâte à langues de chat :

Laissez à température ambiante le beurre et les blancs d'œufs pendant 2 h. Ouvrez la gousse de vanille et grattez-la dans le sucre.
Faites tiédir les blancs dans un cul-de-poule au bain-marie, dont la température de l'eau ne doit pas dépasser 50°. Cette opération se fait hors du feu afin que les blancs ne cuisent pas.
Travaillez le beurre en pommade dans le bol mélangeur préalablement passé sous l'eau chaude et essuyé.
Ajoutez le sucre et la vanille, puis, en fouettant doucement, versez les blancs d'œufs un à un ; arrêtez de fouetter quand la pâte est homogène.
Ajoutez la farine en la versant en pluie et incorporez-la à l'aide de la spatule sans travailler la pâte.

Fabrication d'une vingtaine de tulipes :
Chauffez le four à 170° (th 5).
Confectionnez un cadre rond dans le carton à entremets en ôtant au centre un cercle de ∅ 15 cm à l'aide du couteau pointu ; le carton doit être bien plat.
Sur la plaque du four obligatoirement recouverte de papier siliconé, placez le cadre de carton dans un coin, posez une cuillerée à soupe de pâte au centre, étalez-la uniformément avec une règle (comme font les marchands de crêpes sur les plaques). Quand le creux est rempli d'une couche uniforme de pâte, ôtez délicatement le cadre, reposez-le plus loin, recommencez l'opération 4 ou 5 fois selon la taille de la plaque du four.
Faites cuire pendant 10 mn à 170° (th 5). Le centre de chaque disque doit rester couleur crème, le bord seul est plus coloré.

Moulage : Soit : Préparez 3 bols retournés sur la table. Dès la sortie du four, à l'aide de la palette, décollez un disque de pâte, retournez-le sur le fond d'un bol, posez un autre bol dessus. Une minute suffit pour durcir la tulipe. Répétez l'opération rapidement avec les autres disques de pâte pour qu'ils ne sèchent pas avant d'être formés.
Soit : Placez chaque disque dans un moule à brioche, ce qui a l'avantage de ne pas écraser les plis qui se forment et de donner une plus jolie présentation.

Préparation de la tulipe de fruits Melba :

Choisissez des fraises ou des framboises fraîches, ou des pêches, ou des abricots au sirop.
Dans une tulipe en pâte à langue de chat, dressez 2 boules de glace. Décorez avec les fruits choisis, nappez d'une cuillerée de gelée et parsemez d'amandes effilées.
On peut varier en remplaçant une des boules de glace à la vanille par une boule du sorbet correspondant au fruit choisi.

Coupe concorde

PRÉPARATION : 10 MN

2 BOULES DE GLACE AU CHOCOLAT (P. 20)
1/2 DL DE SAUCE A L'ORANGE (P. 58)

Dans une coupe glacée, mettez 2 boules de glace au chocolat, versez la sauce à l'orange. Décorez de copeaux de chocolat râpé à l'aide d'un épluche-légumes.

Coupe Côte-d'Ivoire

Photo page 16

PRÉPARATION : 10 MN

1 BOULE DE GLACE AU CHOCOLAT (P. 20)
1 BOULE DE SORBET A LA BANANE (P. 25)
1/2 DL DE SAUCE A LA VANILLE (P. 58)
1 PALMIER EN CHOCOLAT

Dans une coupe ou une demi-calebasse glacée, mettez la boule de glace et la boule de sorbet, nappez de sauce à la vanille et décorez avec le palmier en chocolat.

Glace fin moka

PRÉPARATION : 20 MN
CUISSON : 15 MN
REFROIDISSEMENT : 30 MN
TURBINAGE : 30 MN

POUR 1 LITRE :

1/2 LITRE DE LAIT
210 G DE SUCRE SEMOULE
6 JAUNES D'ŒUFS
1/4 DE LITRE DE CRÈME FRAÎCHE
50 G DE CAFÉ EN GRAINS
20 GRAINS DE CAFÉ LIQUEUR (FACULTATIF)

Broyez grossièrement les grains de café et mettez-les dans le lait sucré. Portez le tout à ébullition et laissez infuser hors du feu pendant 10 mn en couvrant la casserole. Avant de reporter la casserole sur le feu, passez l'infusion à travers une passoire fine qui retiendra toute la poussière de café. Procédez ensuite comme pour la glace à la vanille (p. 7), et après refroidissement mettez en sorbetière.
Au moment du moulage, vous pouvez incorporer des grains de café liqueur dans la masse. La glace fin moka a tendance à noircir au contact de l'air. Fermez donc rapidement le moule.

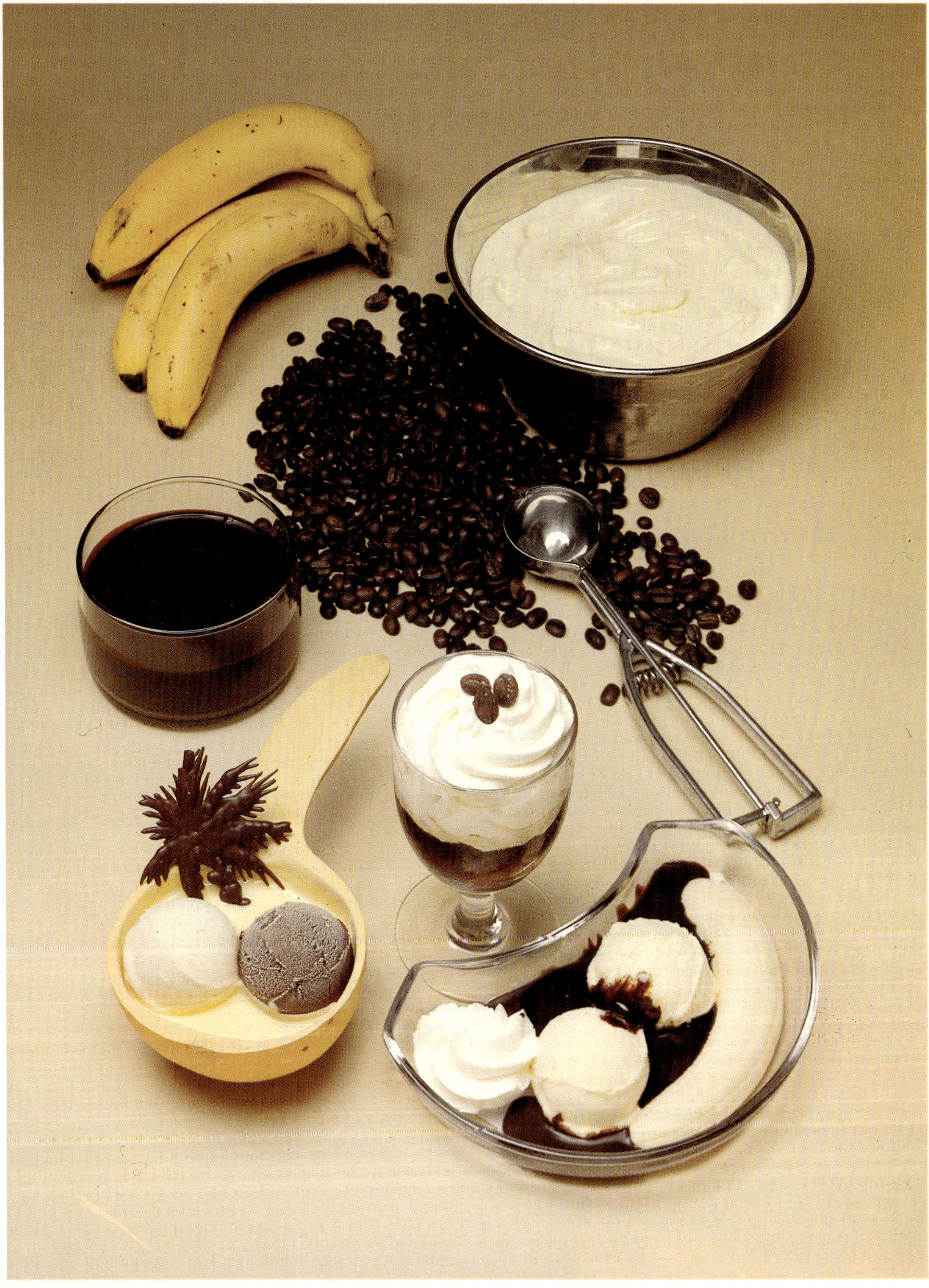

Café liégeois - Coupe Côte-d'Ivoire
Coupes Juanita Banana

Café liégeois

PRÉPARATION : 10 MN

2 BOULES DE GLACE FIN MOKA (P. 15)
1/2 DL DE CAFÉ FORT SUCRÉ

DÉCOR :

CHANTILLY (P. 58)
GRAINS DE CAFÉ LIQUEUR

Dans un verre à pied glacé, mettez les boules de glace fin moka, versez dessus le café fort sucré froid, décorez généreusement de chantilly et parsemez de grains de café liqueur.
(Voir conseils généraux pour les coupes p. 11)

Glace aux marrons

PRÉPARATION : 25 MN
CUISSON : 15 MN
REFROIDISSEMENT : 30 MN
TURBINAGE : 30 MN

POUR 1 LITRE :

1/2 LITRE DE LAIT
70 G DE SUCRE SEMOULE
4 JAUNES D'ŒUFS
300 G DE CRÈME DE MARRONS

Procédez comme pour la glace à la vanille (p. 7).
Dès que la cuisson de l'appareil est terminée, incorporez la crème de marrons de la façon suivante : dans le cul-de-poule contenant la crème de marrons, versez progressivement l'appareil chaud en fouettant vivement pour obtenir une pâte lisse et sans grumeaux.
Après refroidissement, mettez en sorbetière.

Idée de composition : Cette glace peut être panachée avec le sorbet aux poires.

Accompagnement : Coulis de poires rehaussé d'une cuillerée à soupe d'eau-de-vie de poire.

Glace à la pistache

PRÉPARATION : 25 MN
CUISSON : 15 MN
INFUSION : 30 MN
REFROIDISSEMENT : 30 MN
TURBINAGE : 30 MN

POUR 1 LITRE :

3/4 DE LITRE DE LAIT
120 G DE PISTACHES FRAÎCHES
30 G D'AMANDES BLANCHES
210 G DE SUCRE SEMOULE
6 JAUNES D'ŒUFS
2 CUILLERÉES A CAFÉ DE KIRSCH

Son goût très fin et sa couleur vert pâle ne ressemblent en rien à certaines glaces à la « pistache » parfumées aux amandes amères et colorées chimiquement.

Broyez les amandes et les pistaches avec la moitié du sucre au mixer ou au robot-coupe pendant quelques secondes. Le mélange ne doit pas huiler.
Versez-le dans le lait et portez à ébullition. Fouettez 2 ou 3 fois pendant la cuisson. Laissez infuser hors du feu pendant 30 mn en couvrant la casserole.
Pendant ce temps, fouettez à vitesse moyenne les jaunes d'œufs avec le reste du sucre pendant 1 mn pour les blanchir.
Passez le lait infusé, exprimez bien tout le jus à travers la passoire.
Reportez à ébullition, versez un peu du lait bouillant sur les jaunes d'œufs blanchis en fouettant, et reversez le tout dans la casserole sur feu doux, en vannant sans arrêt avec la spatule.
Procédez à la cuisson comme pour la glace à la vanille (p. 7).
Après refroidissement, mettez en sorbetière. Au moment du moulage, ajoutez deux cuillerées de kirsch qui rehausse le goût des pistaches.

Couronne périgourdine

PRÉPARATION : 20 MN
CONGÉLATION : 3 A 4 H

POUR 10 PERSONNES :

1/2 LITRE DE GLACE AUX MARRONS (P. 17)
1/2 LITRE DE SORBET AUX POIRES (P. 29)
120 G DE CRÈME DE MARRONS
30 TRUFFES AU CHOCOLAT
MOULE EN PLASTIQUE A 2 OUVERTURES GENRE MOULE A BAVAROIS

Pour le moulage, procédez comme pour la glace marrons-poires (ci-dessous).
Pour démouler le moule en plastique à 2 ouvertures creux au milieu, versez de l'eau tiède dans le creux pendant 10 s, puis retournez-le dans un récipient rempli d'eau tiède à 30° pendant quelques secondes.
Après le démoulage, remplissez le centre de truffes.
Si vous avez utilisé un moule à bavarois, décorez le dessus et le tour de la base avec les truffes (truffes au chocolat et à la pâte de marrons).

Glace à la noix de coco

PRÉPARATION : 20 MN
CUISSON : 15 MN
REFROIDISSEMENT : 30 MN
TURBINAGE : 30 MN

POUR 1 LITRE :

1/2 LITRE DE LAIT
75 G DE NOIX DE COCO RÂPÉE
210 G DE SUCRE SEMOULE
6 JAUNES D'ŒUFS
1/4 DE LITRE DE CRÈME FRAÎCHE

Procédez comme pour la glace à la vanille (p. 7), mais en incorporant dès le départ la noix de coco dans le lait. Inutile de passer le liquide (comme par exemple pour la glace fin moka) ; laissez la noix de coco que vous aimerez retrouver dans la glace en la dégustant.

Idées de compositions : Panachée avec le sorbet aux fruits de la Passion ou le sorbet à la banane.

Accompagnement : Coulis d'ananas.

Glace marrons-poires

PRÉPARATION : 15 MN
CONGÉLATION : 3 A 4 H

POUR 1 LITRE :

1/2 LITRE DE GLACE AUX MARRONS (P. 17)
1/2 LITRE DE SORBET AUX POIRES (P. 29)
80 G DE CRÈME DE MARRONS
MOULE DE 1 LITRE AVEC COUVERCLE, PALETTE

Mettez le moule à refroidir pendant 15 mn au congélateur. Chemisez-le de glace aux marrons en suivant les conseils de la page 8 . Mettez au congélateur pendant 1 h.
Étalez la crème de marrons avec une cuiller en chemisant le puits et les côtés, puis remettez au congélateur pendant encore 1 h.
Finissez de garnir avec le sorbet aux poires, et remettez au congélateur pour 1 h au moins.

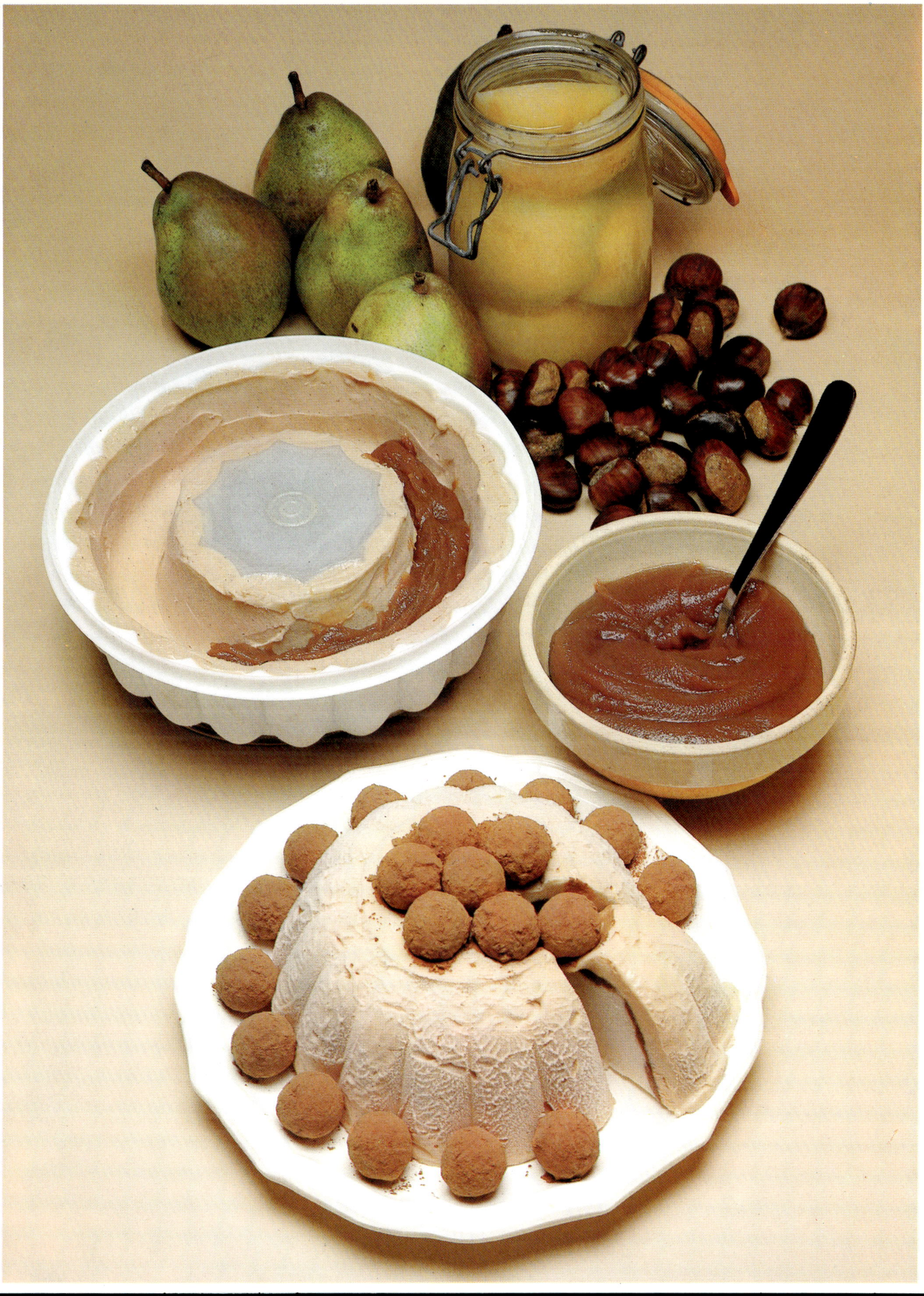

Couronne périgourdine

Glace au praliné noisettes

PRÉPARATION : 20 MN
CUISSON : 15 MN
REFROIDISSEMENT : 30 MN
TURBINAGE : 30 MN

POUR 1 LITRE :

1/2 LITRE DE LAIT
170 G DE SUCRE SEMOULE
6 JAUNES D'ŒUFS
1/4 DE LITRE DE CRÈME FRAÎCHE
100 G DE PRALINÉ NOISETTES EN GRAINS

Procédez comme pour la glace à la vanille (p. 7), en incorporant le praliné à l'appareil à l'aide d'une spatule pendant le refroidissement. C'est pendant le turbinage que le praliné se répartira complètement dans la masse.

Accompagnement : Sauce à la vanille.

Conseil : Je vous conseille de préparer vous-même votre praliné car, s'il n'est pas de bonne qualité, la glace sera trop sucrée et peu parfumée.

Glace au chocolat

PRÉPARATION : 25 MN
CUISSON : 15 MN
REFROIDISSEMENT : 30 MN
TURBINAGE : 30 MN

POUR 1 LITRE :

3/4 DE LITRE DE LAIT
210 G DE SUCRE SEMOULE
6 JAUNES D'ŒUFS
60 G DE CACAO AMER EN POUDRE

Procédez comme pour la glace à la vanille (p. 7).
Dès que la cuisson de l'appareil est terminée, incorporez le cacao de la façon suivante :
Dans le cul-de-poule de 2 litres contenant le cacao, versez progressivement, cuillerée par cuillerée puis plus vite, l'appareil chaud en fouettant vivement pour obtenir une pâte lisse sans grumeaux.
Après refroidissement, mettez en sorbetière.

Accompagnement : Sauce à la vanille ou à l'orange.

Glace praliné-délices

PRÉPARATION : 15 MN
CONGÉLATION : 3 A 4 H

5 DL DE GLACE AU PRALINÉ NOISETTES (CI-DESSUS)
5 DL DE PARFAIT AU CAFÉ (P. 40)
40 G DE GRAINS DE CAFÉ LIQUEUR
MOULE DE 1 LITRE, PALETTE

Chemisez le moule réfrigéré de glace au praliné noisettes (voir conseils p. 8), mettez au congélateur pendant 1 h. Versez la moitié du parfait au café ; remettez 1 h au congélateur, puis incorporez les grains de café, car si vous les mettiez au départ, ils tomberaient au fond du parfait encore liquide.
Finissez de garnir avec le reste de parfait, lissez la surface avec la palette. Remettez au congélateur pendant 1 h au moins.

Succès glacé Sylvie Lenôtre

PRÉPARATION : 10 MN

2 FONDS DE SUCCÈS INDIVIDUELS (P. 57)
1 BOULE DE GLACE AU PRALINÉ NOISETTES (p. 20)
1/2 DL DE SAUCE A LA VANILLE (P. 58)

DÉCOR :

PRALINÉ NOISETTES EN GRAINS

Dans une coupelle basse et large ou dans une caissette à baba, posez une boule de glace praliné entre 2 fonds de succès, nappez de sauce et saupoudrez de praliné noisettes.

Glace aux pruneaux d'Agen

PRÉPARATION : 25 MN
CUISSON : 20 MN
INFUSION : 1 H
REFROIDISSEMENT : 30 MN
TURBINAGE : 30 MN

POUR 1 LITRE :

1/2 LITRE DE LAIT
120 G DE SUCRE SEMOULE
4 JAUNES D'ŒUFS
75 CL DE SIROP A 28° B (p. 57)
7 CL D'ARMAGNAC
200 G DE PRUNEAUX DÉNOYAUTÉS

Portez à ébullition le sirop et l'armagnac, ajoutez les pruneaux, donnez un bouillon. Laissez infuser cette préparation hors du feu pendant 1 h. Passez le tout au mixer pour obtenir une crème que vous mettez dans le cul-de-poule.
Procédez ensuite comme pour la glace à la vanille (p. 7), et après la cuisson de l'appareil, incorporez la crème de pruneaux de la façon suivante :
Dans le cul-de-poule, contenant la crème de pruneaux, versez progressivement, cuillerée par cuillerée, puis plus vite, l'appareil chaud en fouettant vivement pour obtenir une pâte lisse et sans grumeaux.
Après refroidissement, mettez en sorbetière.

Accompagnement : Sauce à la vanille parfumée avec une cuillerée d'armagnac.

Coupe à l'armagnac

PRÉPARATION : 10 MN

2 BOULES DE GLACE AUX PRUNEAUX D'AGEN (CI-DESSUS)
1/2 DL DE SAUCE A LA VANILLE (P. 58)
1 CUILLERÉE D'ARMAGNAC

Incorporez l'armagnac à la sauce à la vanille. Coupez éventuellement l'écorce d'orange en fines lamelles.
Dans une coupe, mettez les boules de glace, nappez avec la sauce, et décorez avec le pruneau déguisé ou l'écorce d'orange.

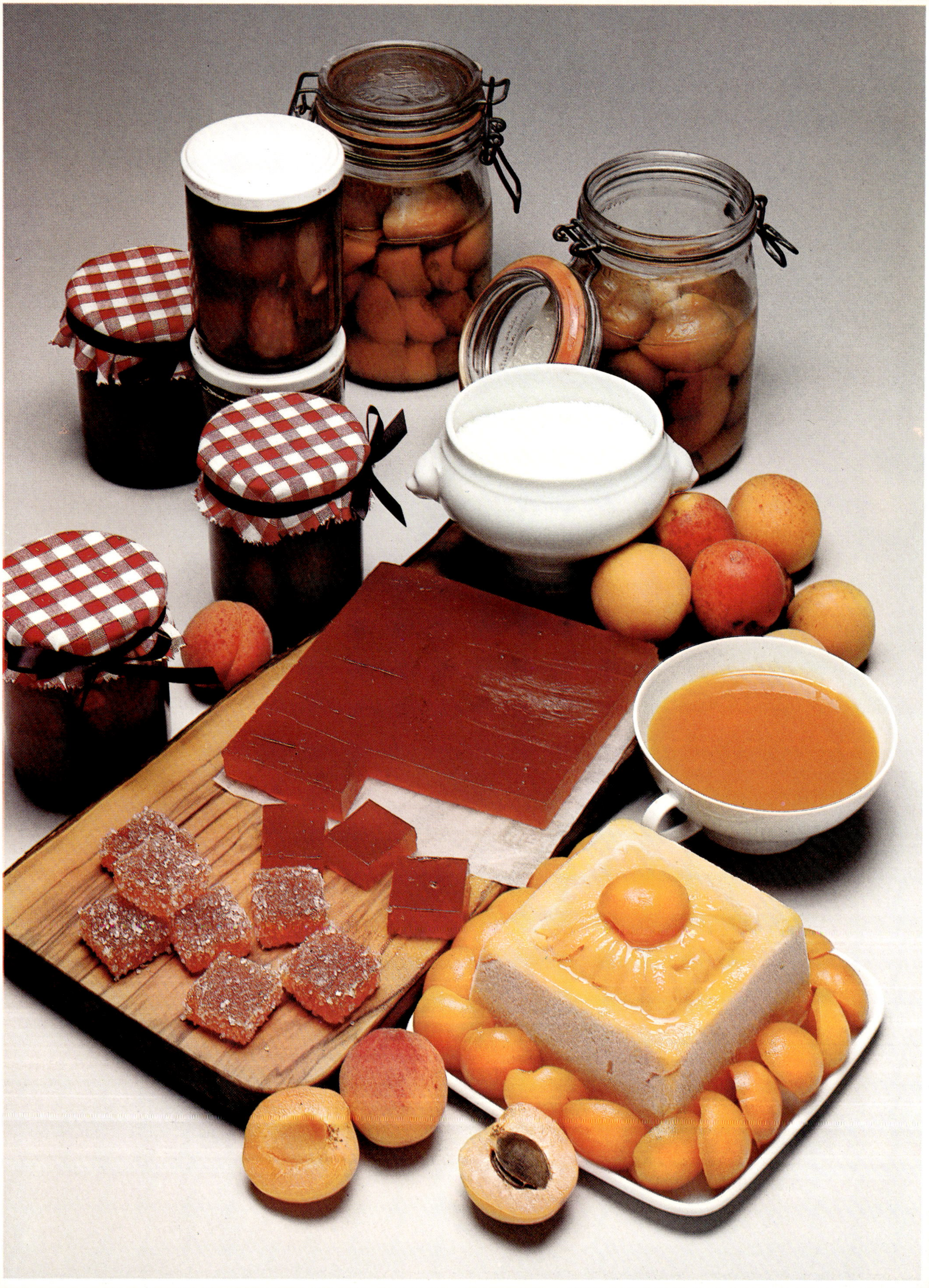

Sorbet aux abricots

Les Sorbets

Conseils généraux

Le sorbet est une préparation composée soit de pulpe de fruits écrasée en purée et de sirop à 28° Baumé, soit d'alcool et de sirop à 28° Baumé. Pour les sorbets aux fruits, choisissez des fruits arrivés à maturité, sains et riches en parfum.
La purée de fruits pouvant être obtenue à partir de fruits frais ou conservés, j'ai jugé utile et pratique de mettre en ouverture de ce chapitre les recettes de conserves de fruits en bocaux.
Le sorbet augmente à peine de volume car il ne comporte ni corps gras ni œuf. Un sorbet d'un litre pèse entre 900 et 950 g.

Purée de fruits

PRÉPARATION : ENVIRON 30 MN

1,500 KG DE FRUITS SAINS ET BIEN MÛRS
SUCRE SEMOULE (FACULTATIF)

La pulpe c'est-à-dire la chair des fruits, peut être broyée en purée ou en (coulis voir p. 57). En purée, elle sert de base à la préparation des sorbets.

CASSIS

Égrappez le cassis. Portez à ébullition 3 litres d'eau, jetez-y le cassis en grains, tournez avec la spatule et reportez à ébullition. Égouttez et passez le cassis ainsi ramolli au tamis, au moulin à légumes ou à la centrifugeuse par doses de 500 g. Il y a presque la moitié de perte. Si vous le désirez, sucrez dans la proportion de 10 %.

Congélation : congelez cette purée refroidie enveloppée dans des sachets, étiquetez-les, en marquant la date de congélation ; vous pouvez la conserver 6 mois.

Décongélation : Pour préparer des pâtes de fruits ou des sorbets, ne laissez pas décongeler la purée. Broyez-la au mixer encore dure et froide, le fruit gardera ainsi son parfum et le sorbet sera turbiné 2 fois plus rapidement. Évitez toujours de laisser revenir cette purée à température ambiante. Une fois décongelée, la purée ne se garde que 24 h au réfrigérateur.

GROSEILLES

Lavez les grappes de groseilles, ôtez les petites feuilles et passez au tamis, au moulin à légumes ou à la centrifugeuse. Pressez les peaux pour recueillir le maximum de jus.

Congélation et décongélation du jus : Comme pour la purée de cassis.

Congélation et décongélation des grappes : Mettez-les à durcir au congélateur dans des sachets ouverts, puis fermez les sachets.
Laissez décongeler pendant 2 h avant de les utiliser pour décorer les coupes, faire des pâtes de fruits ou de la gelée.

FRAMBOISES

Équeutez si besoin les framboises et broyez-les au mixer ou au robot-coupe, pour obtenir de la purée.
Pour conserver les framboises entières roulez-les dans du sucre cristallisé.

Congélation et décongélation de la purée : Comme pour la purée de cassis.

Congélation et décongélation des framboises entières : Faites-les durcir sur une assiette au congélateur avant de les emballer par 100 g dans des sachets. Laissez décongeler pendant 2 h avant de les utiliser pour le décor du dessert.

FRAISES

Lavez-les avant de les équeuter. Broyez les fruits au mixer ou au robot-coupe, pour obtenir de la purée.

Congélation et décongélation : Comme pour la purée de cassis.
Je ne conselle pas de congeler des fraises entières car elles ont un aspect désagréable après décongélation. Elles sont très ramollies et perdent leur jus.

Sorbet aux abricots frais

Photo page 22

PRÉPARATION : 10 MN
CUISSON : 10 MN
REFROIDISSEMENT : 15 MN
TURBINAGE : 30 MN

500 G D'OREILLONS D'ABRICOTS FRAIS
4 DL DE SIROP A 28° B (P. 57)

Dans la casserole, faites chauffer le sirop et pochez les abricots sans laisser bouillir pendant 10 mn. Passez au mixer et laissez refroidir dans le cul-de-poule. Mettez en sorbetière.
Le résultat est excellent, certainement bien meilleur qu'à partir d'abricots au sirop ou en boîte que l'on réservera pour l'hiver.

Sorbet à la banane

PRÉPARATION : 10 MN
TURBINAGE : 30 MN

POUR 1 LITRE :

750 G DE BANANES MÛRES
3 DL DE SIROP A 28° B (P. 57)
1/2 JUS DE CITRON
2 DL D'EAU MINÉRALE OU D'EAU DE SOURCE
1 CUILLERÉE A SOUPE DE RHUM BLANC

Broyez la chair des bananes pour obtenir 4 dl de purée. Ajoutez le jus de citron, le sirop, l'eau et le rhum. Mettez en sorbetière.

Idées de compositions : Panaché avec la glace à la noix de coco, le parfait au rhum, la glace aux cacahuètes ou la glace au chocolat (coupe Côte-d'Ivoire).

Accompagnement : Coulis d'ananas, ou sauce à profiteroles.

Sorbet au cassis

PRÉPARATION : 10 MN
TURBINAGE : 30 MN

POUR 1 LITRE :

4 DL DE PURÉE DE CASSIS
4 DL DE SIROP A 28° B (P. 57)
1 DL DE JUS DE GROSEILLES
2 CUILLERÉES A SOUPE DE LIQUEUR DE CASSIS

A partir de fruits frais ou congelés.

Si vous utilisez de la purée de cassis congelée, ne laissez pas dégeler. Broyez-la immédiatement, le sorbet n'en sera que meilleur.
Ajoutez le sirop et la liqueur de cassis à la purée de fruits ; mettez en sorbetière.

Accompagnement : Coulis de groseilles ou sauce à la vanille.

Sorbet à l'ananas dans le fruit

PRÉPARATION : 40 MN
TURBINAGE : 1 H
CONGÉLATION : 3 H MINIMUM

POUR 10 PERSONNES :

2 ANANAS DE 1,500 KG AVEC PLUMETS DE 10 CM ENVIRON
4,5 DL DE SIROP A 28° B (P. 57)
100 G DE DÉS D'ANANAS CONFITS

Photo page 27

Évidez le plus beau des deux ananas puisqu'il servira de présentoir.

Pour évider un ananas verticalement
Coupez en dessous du plumet aux 3/4 de la hauteur. Égalisez au couteau la base de l'ananas pour qu'il tienne debout.
Évidez-le avec un couteau-scie enfoncé verticalement à 1 cm de l'écorce (sans aller jusqu'au fond pour ne pas la percer). Pour détacher ce cylindre du fond, pratiquez une ouverture horizontale de 2 cm à la base. Par cette ouverture, passez la lame du couteau-scie que vous faites aller et venir horizontalement en arc de cercle jusqu'à ce que la chair se détache du fond.

Pour évider un ananas horizontalement
Tranchez l'écorce sur un côté et enlevez-en le tiers supérieur. Évidez

DÉCOR :

6 BIGARREAUX CONFITS
2 TRANCHES D'ANANAS CONFITS
BANDE DE CARTON DE 40 × 4 CM DE HAUT, PALETTE

l'ananas à l'aide d'un couteau et d'une cuiller, sans abîmer l'écorce. La préparation est un peu plus longue mais le service sera plus facile.

Préparation du sorbet
Videz le second ananas sans vous préoccuper de l'écorce. Ôtez la partie filandreuse des cœurs, passez toute la chair au tamis à grille moyenne puis à grille fine, ou au moulin à légumes, ou encore à la centrifugeuse. Vous obtenez environ 8 dl de purée. N'hésitez pas à presser entre vos mains l'écorce d'ananas pour exprimer tout le jus qu'elle contient. Mélangez la purée et le jus au sirop. Mettez en sorbetière. Pendant ce temps, placez l'ananas évidé et le plumet au congélateur puis préparez, éventuellement, le décor vertical.
Quand le sorbet est prêt, incorporez-lui les 100 g de dés d'ananas confits, remplissez l'ananas glacé et remettez-le au congélateur.

Présentation verticale
Pour chapeauter l'ananas rempli de sorbet, formez un cylindre de carton de 4 cm de haut et d'une circonférence égale à celle de la tranche coupée en haut de l'ananas. Posez ce cylindre de carton sur une assiette. Chemisez-en l'intérieur de dés d'ananas confits (découpés dans les tranches) intercalés avec des tiers de bigarreaux (photo p. 27), mettez au congélateur pendant au moins 15 mn.
A l'aide d'une palette, garnissez le cylindre du décor avec 1/4 de litre de sorbet en commençant par remplir les interstices entre les fruits confits, sans abîmer le décor. Lissez à ras bord.
Remettez au congélateur jusqu'au moment de servir. Posez alors le décor préparé sur le sommet de l'ananas rempli, décollez le carton à l'aide d'un couteau et coiffez l'ananas du plumet.

Présentation horizontale
Pour cette présentation, il faut réserver 1/4 de litre de sorbet avant de le mélanger aux dés d'ananas et l'utiliser pour former un dôme au-dessus de l'ananas garni en vous aidant de la spatule, ou, si la consistance le permet, à la poche à douille photo page ci-contre.
Disposez des demi-bigarreaux intercalés avec les quarts de tranches d'ananas sur le dôme du sorbet pour former un décor. Remettez au congélateur jusqu'au moment de servir.

Sorbet au citron

PRÉPARATION : 15 MN
TURBINAGE : 30 MN

POUR 1 LITRE :

1/4 DE LITRE DE JUS DE CITRON
4 DL DE SIROP 28° B (P. 57)
1/4 DE LITRE D'EAU MINÉRALE OU D'EAU DE SOURCE
1 BLANC D'ŒUF TRÈS FRAIS
PASSOIRE FINE, SORBETIÈRE

Ne pressez pas les citrons jusqu'à la peau blanche pour éviter toute amertume. Versez le jus à travers la passoire directement dans la sorbetière. Ajoutez l'eau et le sirop à 28° B refroidi.
Avant que le sorbet ne soit tout à fait pris, prélevez-en 2 cuillerées à soupe, battez-les avec le blanc d'œuf, et reversez le tout dans la sorbetière, le mélange en sera plus onctueux. Ceci n'est jamais fait par des professionnels car la sécurité de la conservation peut en souffrir.

Idées de compositions : Panaché avec les sorbets aux fraises ou aux framboises, citron givré.
On peut également dresser deux boules de sorbet dans une assiette et les décorer de quelques lamelles de goyave ou de rondelles de kiwi.

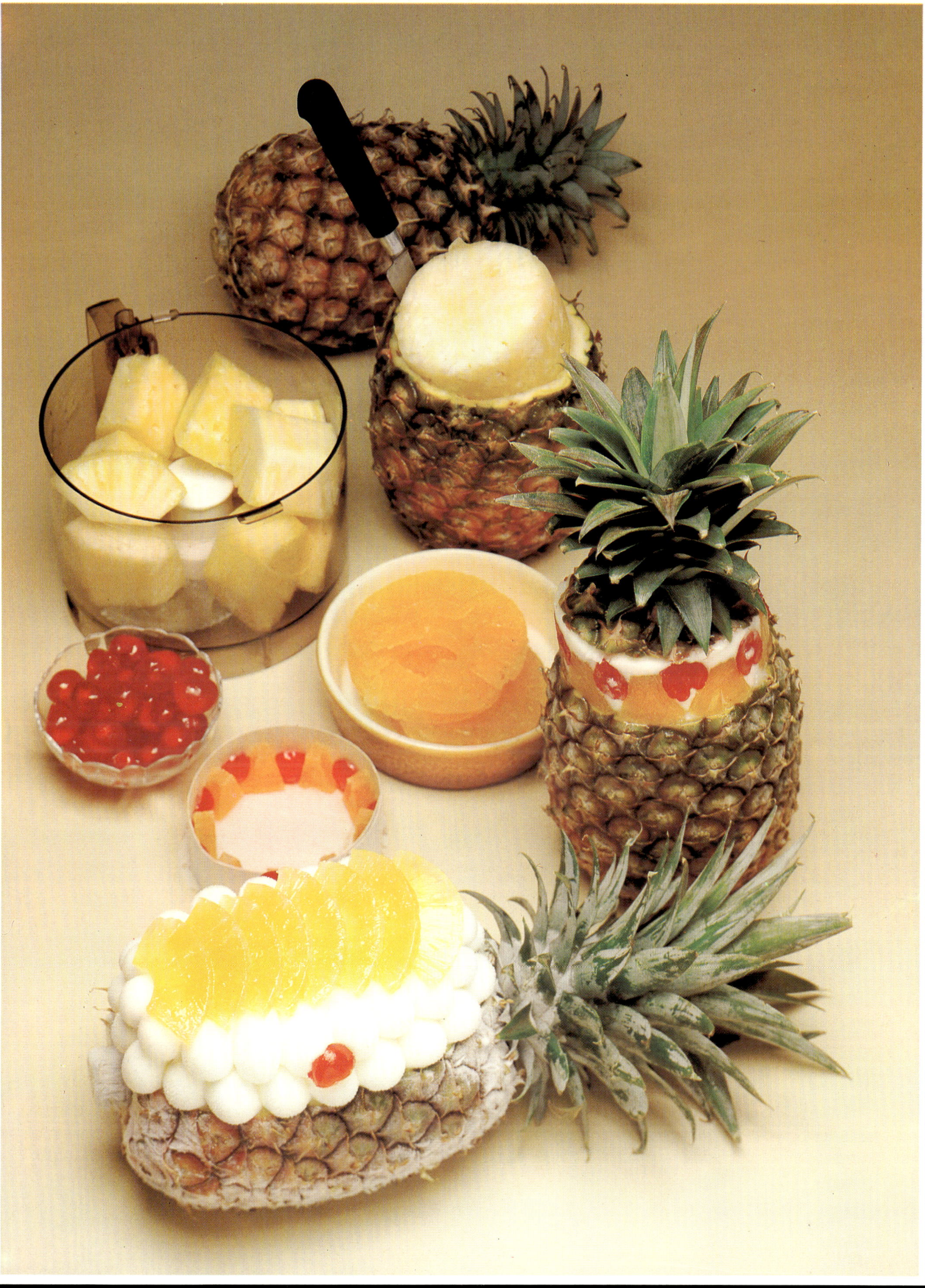

Sorbet à l'ananas dans le fruit

Sorbet aux fraises

PRÉPARATION : 10 MN
TURBINAGE : 30 MN

POUR 1 LITRE :

600 G DE FRAISES
4,5 DL DE SIROP A 28° B (P. 57)
1/2 JUS DE CITRON (FACULTATIF)
8 FRAISES DÉGUISÉES (FACULTATIF)

Mixez les fraises, rapidement lavées et équeutées, pour obtenir 5,5 dl de purée. On peut utiliser de la purée de fraises congelées ; dans ce cas, broyez-la avec le sirop sans la dégeler. Si les fraises ne sont pas très parfumées, ajoutez le jus de citron pour rehausser le goût des fruits. Mettez en sorbetière.

Décor : Entourez la base du sorbet de fraises déguisées.

Idées de compositions : Panaché avec le sorbet au citron, ou la glace à la vanille, tulipe de fruits Melba.

Sorbet aux framboises

PRÉPARATION : 10 MN
TURBINAGE : 30 MN

POUR 1 LITRE :

550 G DE FRAMBOISES
4,5 DL DE SIROP A 28° B (P. 57)
MIXER OU MOULIN A LÉGUMES
SORBETIÈRE

Mixez les framboises pour obtenir 5 dl de purée. On peut utiliser de la purée de framboises congelées. Dans ce cas, broyez-la avec le sirop sans la dégeler. Mettez en sorbetière.

Idées de compositions : Panaché avec le sorbet à l'ananas, le sorbet aux groseilles, le sorbet aux pêches fraîches, la glace à la vanille, ou le sorbet au champagne ; vacherin aux framboises, tulipe de fruits Melba.

Sorbet aux groseilles

PRÉPARATION : 15 MN
TURBINAGE : 30 MN

POUR 1 LITRE :

750 G DE GROSEILLES NON ÉGRAPPÉES
4 DL DE SIROP A 28° B (P. 57)
FOUET, TAMIS A GRILLE FINE, CUL-DE-POULE, SORBETIÈRE

Égrappez les groseilles, passez-les au tamis à grille fine pour obtenir 1/2 litre de jus. Ajoutez le sirop en fouettant.
Mettez en sorbetière.

Idées de compositions : Panaché avec le sorbet framboises, ou la glace à la vanille, coupe Val-de-Loire.

Accompagnement : Gelée de groseilles, groseilles fraîches.

Sorbet au melon

PRÉPARATION : 15 MN
TURBINAGE : 30 MN

POUR 1 LITRE :

600 G DE PULPE DE MELON
4 DL DE SIROP A 28° B (P. 57)
MIXER, SORBETIÈRE

Coupez les melons en deux, enlevez les fibres et les pépins que vous jetez. Avec une cuiller, sortez la pulpe et passez-la au mixer, ajoutez le sirop. Mettez en sorbetière.

Idée de composition : Panaché avec le sorbet aux abricots.

Sorbet aux mangues

PRÉPARATION : 20 MN
TURBINAGE : 30 MN

POUR 1 LITRE ENVIRON :

2 GROSSES MANGUES (800 G)
3 DL DE SIROP A 28° B (P. 57)
1 CITRON VERT

MIXER, FOUET, CUL-DE-POULE, SORBETIÈRE

La mangue est mûre à point quand on peut y enfoncer le doigt. Elle permet de préparer un sorbet onctueux de couleur abricot.

Pelez les mangues comme des pommes et détachez la chair du gros noyau ovale. Passez-la au mixer pour obtenir environ 5 dl de purée, à laquelle vous ajoutez le sirop et le jus du citron en fouettant.
Mettez en sorbetière.

Accompagnement : Sauce à la vanille.

Sorbet aux pêches fraîches

PRÉPARATION : 15 MN
TURBINAGE : 30 MN

POUR 1 LITRE :

850 G DE PÊCHES
3 DL DE SIROP A 28° B (P. 57)
1/2 JUS DE CITRON
MIXER, SORBETIÈRE, PASSOIRE FINE

Épluchez les pêches et enlevez le noyau. Passez-les au mixer afin d'obtenir 6 dl de purée. Si elles sont filandreuses, passez ensuite la purée à travers une passoire fine.
Ajoutez le sirop et le jus de citron.
Mettez en sorbetière.

Idée de composition : Panaché avec le sorbet aux framboises.

Sorbet aux poires au sirop

PRÉPARATION : 10 MN
TURBINAGE : 30 MN

POUR 1 LITRE :
UNE BOÎTE DE POIRES AU SIROP D'1 LITRE
1,8 DL DE SIROP A 28° B (p. 57)
1 CUILLERÉE A SOUPE DE JUS DE CITRON

DÉCOR FACULTATIF :
8 MARRONS DÉGUISÉS
MIXER, SORBETIÈRE

Mixez 550 g de poires égouttées, ajoutez 1 dl du sirop de la boîte, le sirop à 28° B refroidi et le jus de citron.
Mettez en sorbetière.
On peut décorer le sorbet aux poires avec des marrons déguisés.

Idées de compositions : Panaché avec la glace aux marrons ou en couronne périgourdine.

Accompagnement : Coulis d'abricots parfumé d'une cuillerée à soupe de kirsch.

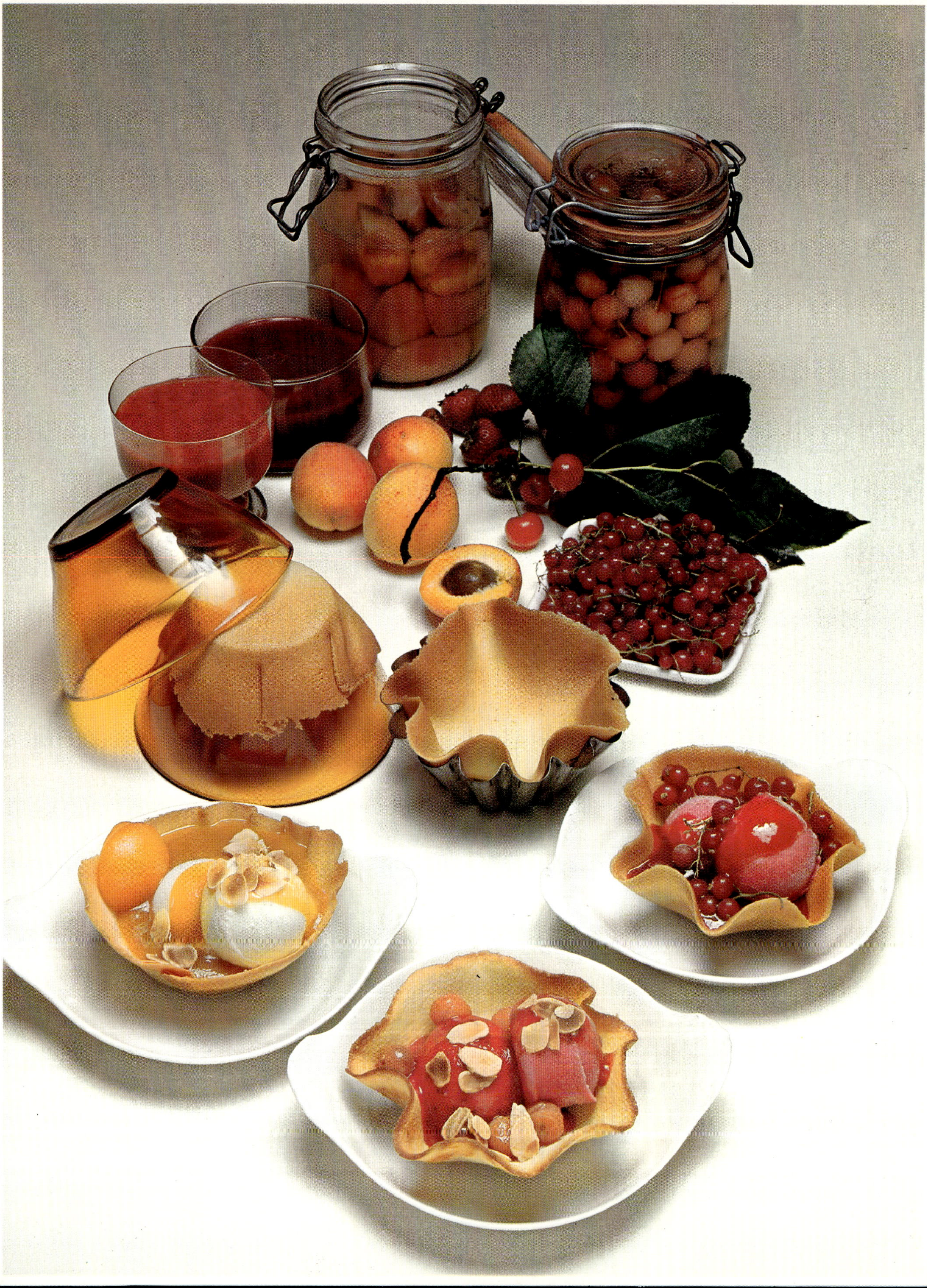

Tulipe framboisée Tulipe de fruits Melba
Coupe Val-de-Loire

Coupe Val-de-Loire

PRÉPARATION : 10 MN

2 BOULES DE SORBET AUX FRAMBOISES (P. 28)
1/2 DL DE COULIS DE FRAISES (P. 57)
4 CERISES A L'EAU-DE-VIE
OU 4 CERISES AU SIROP
TULIPE EN PÂTE A LANGUE DE CHAT (FACULTATIF)

Dans une coupe, posez les boules de sorbet, versez le coulis de fraises. Décorez avec les cerises.
Cette coupe peut être remplacée par une tulipe en pâte à langue de chat. Dans ce cas, servez immédiatement pour que la tulipe ne se ramollisse pas.

Tulipe framboisée

PRÉPARATION : 10 MN

TULIPE EN PÂTE A LANGUE DE CHAT (P.14)
2 BOULES DE SORBET AUX FRAMBOISES (P. 28)
1/2 DL DE COULIS DE FRAMBOISES (P. 57)
GRAPPE DE GROSEILLES FRAÎCHES

Dans la tulipe, posez les boules de sorbet, versez le coulis et décorez avec les groseilles. Servez immédiatement.

Sorbet aux fruits de la Passion

PRÉPARATION : 20 MN
TURBINAGE : 30 MN

POUR 1 LITRE :

1 KG DE FRUITS
1/2 LITRE DE SIROP A 28° B (P. 57)
1/4 DE LITRE D'EAU MINÉRALE OU D'EAU DE SOURCE
COUTEAU-SCIE, TAMIS A GRILLE MOYENNE ET A GRILLE FINE OU MOULIN A LÉGUMES ET PASSOIRE TRÈS FINE OU CENTRIFUGEUSE, SORBETIÈRE

Ainsi nommés parce que leur fleur ressemble à la couronne d'épines, avec les marteaux et les clous ; ces fruits s'appellent également passiflores et grenadilles. Les meilleurs sont ceux qui ont la chair la plus rouge. Ceux à chair jaune sont plus acides. Il n'y a pas d'inconvénient à ce que les fruits soient rabougris car la pulpe est bien protégée par la peau épaisse.

Coupez les fruits en deux. Évidez-les avec une petite cuiller. Passez la pulpe au tamis, et si besoin à travers une passoire fine si les grains noirs se sont trouvés un peu écrasés par le tamis, ou à la centrifugeuse.
Vous obtenez 1/4 de litre de jus que vous mélangez au sirop et à l'eau. Mettez en sorbetière.

Idées de compositions : Panaché avec la glace à la noix de coco. Vous pouvez aussi dresser deux boules de sorbet dans une assiette et décorer de tranches de kiwi.

Coupe aux fruits de la Passion

PRÉPARATION : 10 MN

1/2 NOIX DE COCO NON ÉVIDÉE OU 1 CALEBASSE
1 BOULE DE SORBET AUX FRUITS DE LA PASSION (P. 31)
1 BOULE DE GLACE LA NOIX DE COCO (P. 18)
1 DL DE SAUCE A LA VANILLE

DÉCOR :
PALMIER EN CHOCOLAT (FACULTATIF)

Dans la demi-noix de coco ou dans la calebasse, posez les boules de sorbet et de glace. Versez la sauce à la vanille. Décorez éventuellement d'un palmier en chocolat.

Fruits givrés

PRÉPARATION : 30 MN
TURBINAGE : 30 MN

POUR 8 PERSONNES :

1 LITRE DE SORBET FAIT AVEC 8 ORANGES
OU 16 MANDARINES (P. 34)
OU 8 GROS CITRONS (P. 26)
OU 4 PAMPLEMOUSSES (P. 34)

DÉCOR :
BIGARREAUX CONFITS
OU FEUILLES DE PÂTE D'AMANDES VERTE
PRESSE FRUITS, PASSOIRE
COUTEAU POINTU
POCHE A DOUILLE CANNELÉE (FACULTATIF)

(oranges, mandarines, citrons, pamplemousses)

Vous pouvez préparer les sorbets à l'avance, mais vous ne les dresserez dans les écorces que le jour de la dégustation. Les écorces peuvent être congelées à part et être conservées ainsi 3 ou 4 jours.

Choisissez des fruits à peau épaisse, si possible non traités. Lavez-les et essuyez-les.

ORANGES : Coupez les oranges aux 2/3 de leur hauteur, pressez le jus sans abîmer l'écorce. Ôtez les petites peaux accrochées à l'intérieur. Frottez les morceaux de sucre sur la base, et mettez les écorces au congélateur pendant la préparation du sorbet.
Garnissez les écorces glacées à la cuiller ou, si la consistance du sorbet le permet, remplissez-en la poche à douille et décorez le haut. Posez le chapeau.
Décorez avec une petite feuille découpée dans de la pâte d'amandes verte.
Remettez immédiatement au congélateur. Dégustez dans la journée.

MANDARINES : Procédez de la même façon, mais comptez 2 mandarines par personne.

CITRONS : Comptez un fruit par personne. Coupez la base du citron pour qu'il se tienne debout.

PAMPLEMOUSSES : Procédez de la même façon avec une moitié de pamplemousse par personne et décorez avec un demi-bigarreau confit.

Conservation : Une journée au congélateur, dans l'écorce.

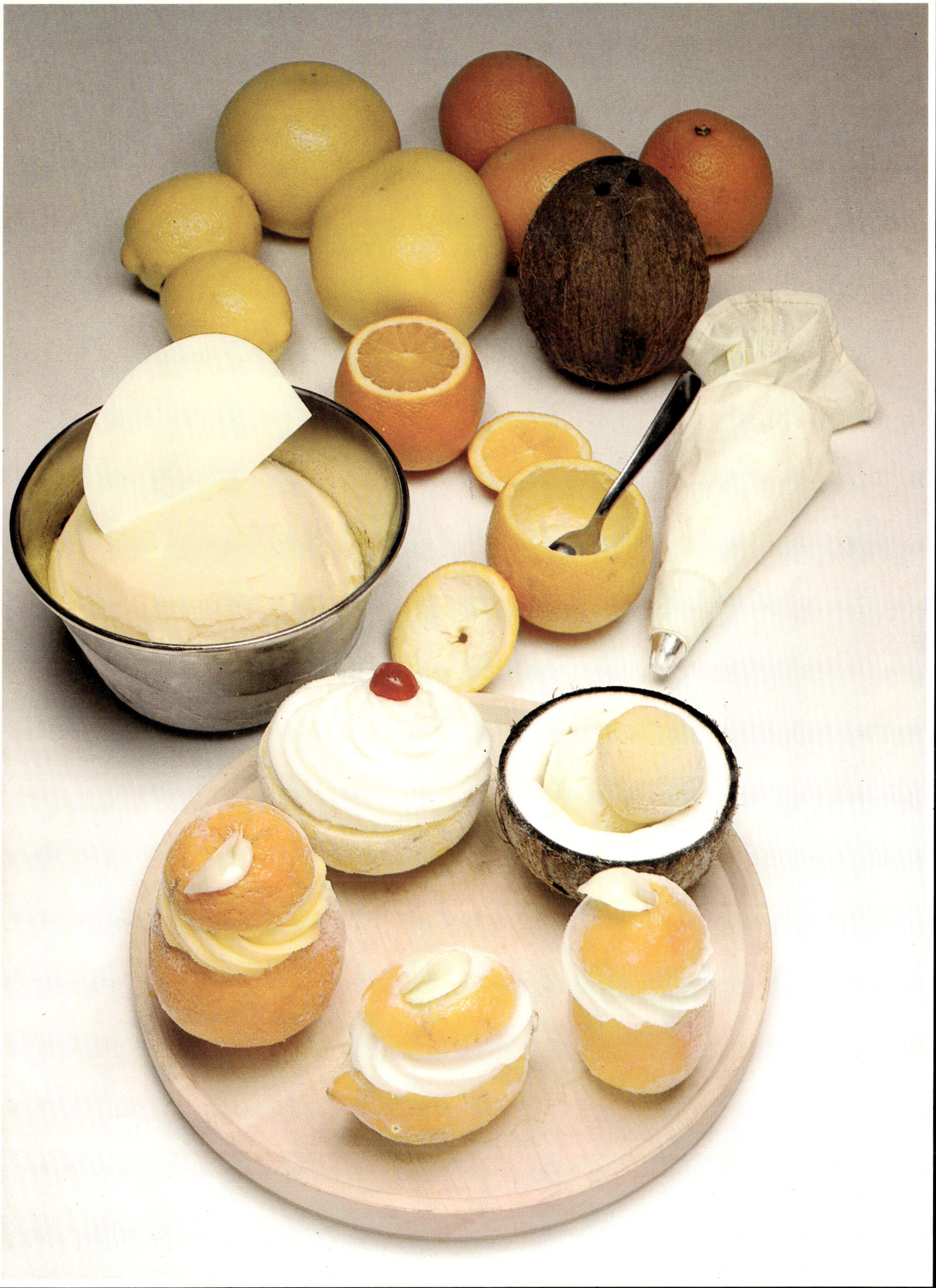

Coupe aux fruits de la passion - Fruits givrés

Sorbet à l'orange ou à la mandarine

PRÉPARATION : 20 MN
TURBINAGE : 30 MN

POUR 1 LITRE :

300 G DE SUCRE EN MORCEAUX
8 ORANGES
OU 16 MANDARINES NON TRAITÉES
1 DL D'EAU MINÉRALE OU D'EAU DE SOURCE
1/2 CITRON
1 BLANC D'ŒUF (FACULTATIF)

Si vous voulez présenter les sorbets dans les fruits, voir la recette des fruits givrés, p. 32.

Frottez la moitié des morceaux de sucre sur les écorces d'oranges préalablement lavées et essuyées. Ne frottez pas jusqu'à la peau blanche amère.
Dans la casserole, mettez tous les morceaux de sucre et ajoutez l'eau. Portez à ébullition, vannez avec la spatule pour faire fondre le sucre régulièrement. Arrêtez la cuisson dès l'ébullition.
Pressez les oranges et le demi-citron afin d'obtenir 6,5 dl de jus que vous passez.
Versez le jus dans le sirop encore tiède, et faites refroidir rapidement la préparation dans un bain froid.
Mettez en sorbetière. Lorsque le sorbet est presque turbiné, prélevez-en 2 cuillerées, fouettez-les à la fourchette avec le blanc d'œuf.
Versez ce mélange dans le sorbet et finissez de turbiner.
Le sorbet à la mandarine se prépare exactement de la même façon.

Sorbet au pamplemousse

PRÉPARATION : 10 MN
TURBINAGE : 30 MN

POUR 1 LITRE :

6 DL DE JUS DE PAMPLEMOUSSE (3 GROS FRUITS)
3,6 DL DE SIROP A 28° B (P. 57)

Coupez les fruits en deux, pressez-les afin de recueillir 6 dl de jus, sans abîmer les peaux si vous désirez faire des fruits givrés. Ajoutez le sirop et mettez en sorbetière.

Sorbet au calvados ou au kirsch

PRÉPARATION : 10 MN
TURBINAGE : 30 MN

POUR 1 LITRE :

1/2 LITRE DE SIROP A 28° B (P. 57)
4 DL D'EAU MINÉRALE OU D'EAU DE SOURCE
1 DL DE CALVADOS (50°)
OU DE KIRSCH (40°)

On peut utiliser pour cette préparation tous les alcools titrant environ 40 à 50°

Mettez les ingrédients directement en sorbetière, ils seront automatiquement mélangés.
Avec un alcool comme le kirsch, la Williamine, etc., qui ne titre que 40°, procédez de la même façon en ajoutant 3,5 dl d'eau minérale au lieu de 4 dl.

Conservation : Une journée.

Sorbet au champagne

PRÉPARATION : 10 MN
TURBINAGE : 30 MN

POUR 1 LITRE :

4 DL DE CHAMPAGNE
4 DL DE SIROP A 28° B (P. 57)
1,5 DL D'EAU MINÉRALE OU D'EAU DE SOURCE
1 JUS DE CITRON
OU 1/2 JUS D'ORANGE

Choisissez un champagne millésimé assez corsé, de préférence un champagne rosé.

Mettez les ingrédients directement en sorbetière.
Ce sorbet doit être dégusté dans la journée.

Idée de composition : Panaché avec le sorbet aux framboises.

Sorbet au cidre

PRÉPARATION : 10 MN
TURBINAGE : 30 MN

POUR 1 LITRE :

6 DL DE CIDRE BOUCHÉ EXTRA DEMI-SEC
3,5 DL DE SIROP A 28° B (P. 57)
SORBETIÈRE

Mettez les ingrédients directement en sorbetière.
Vous pouvez également faire des granités au cidre en procédant comme pour le granité au café (voir page 38).

Conservation : On doit déguster le sorbet dans la journée et le granité dans l'heure qui suit.

Sorbet au porto

PRÉPARATION : 10 MN
TURBINAGE : 30 MN

POUR 1 LITRE :

2,3 DL DE PORTO TITRANT 18°
7,5 DL DE SIROP A 28° B (P. 57)

SORBETIÈRE

Mettez les ingrédients directement en sorbetière.
Ces proportions conviennent pour tous les alcools titrant 18°.

Conservation : Une journée.

Sorbet champagne-framboises

PRÉPARATION : 15 MN
CONGÉLATION : 3 H

POUR 1 LITRE :

1/2 LITRE DE SORBET AUX FRAMBOISES (p. 28)
1/2 LITRE DE SORBET AU CHAMPAGNE (p. 35)
100 G DE DÉS D'ANANAS CONFIT

MATÉRIEL :
MOULE DE 1 LITRE, PALETTE OU CORNE

Glacez le moule pendant 15 mn au congélateur, chemisez-le de sorbet aux framboises. Laissez durcir pendant 1 h au congélateur.
Remplissez de sorbet au champagne en incorporant les dés d'ananas.
Lissez la surface avec la palette, remettez au congélateur.
Servez le jour même.

Coupe champagne-framboises

PRÉPARATION : 10 MN

2 BOULES DE SORBET AUX FRAMBOISES (p. 28)
1 BOULE DE SORBET AU CHAMPAGNE

DÉCOR :

DÉS D'ANANAS CONFIT
FRAMBOISES FRAÎCHES
1/2 DL DE COULIS DE FRAMBOISES (p. 57)

Dans un verre glacé (verre à champagne ou autre verre à pied) superposez les boules de sorbet aux framboises et de sorbet au champagne, arrosez de coulis de framboises et décorez de dés d'ananas et de framboises fraîches.

Café frappé

PRÉPARATION : 10 MN
GLAÇAGE : 1 H ENVIRON
POUR 1 LITRE :

8 DL DE GLACE FIN MOKA (P. 15)
2 DL DE GRANITÉ AU CAFÉ (P. 38)

MATÉRIEL :
CORNE, MOULE D'1 LITRE

C'est une glace au café dont le goût est renforcé par l'apport de granité.
La glace au café doit avoir une consistance de purée afin de pouvoir y incorporer les paillettes de granité. Si elle sort du congélateur, laissez-la s'assouplir 30 mn ou 1 h au réfrigérateur. Moulez immédiatement dans le moule préalablement glacé pendant 15 mn au congélateur.
Ce mélange peut attendre 2 jours avant d'être dégusté. Il fond moins vite que le granité et doit être servi moelleux.

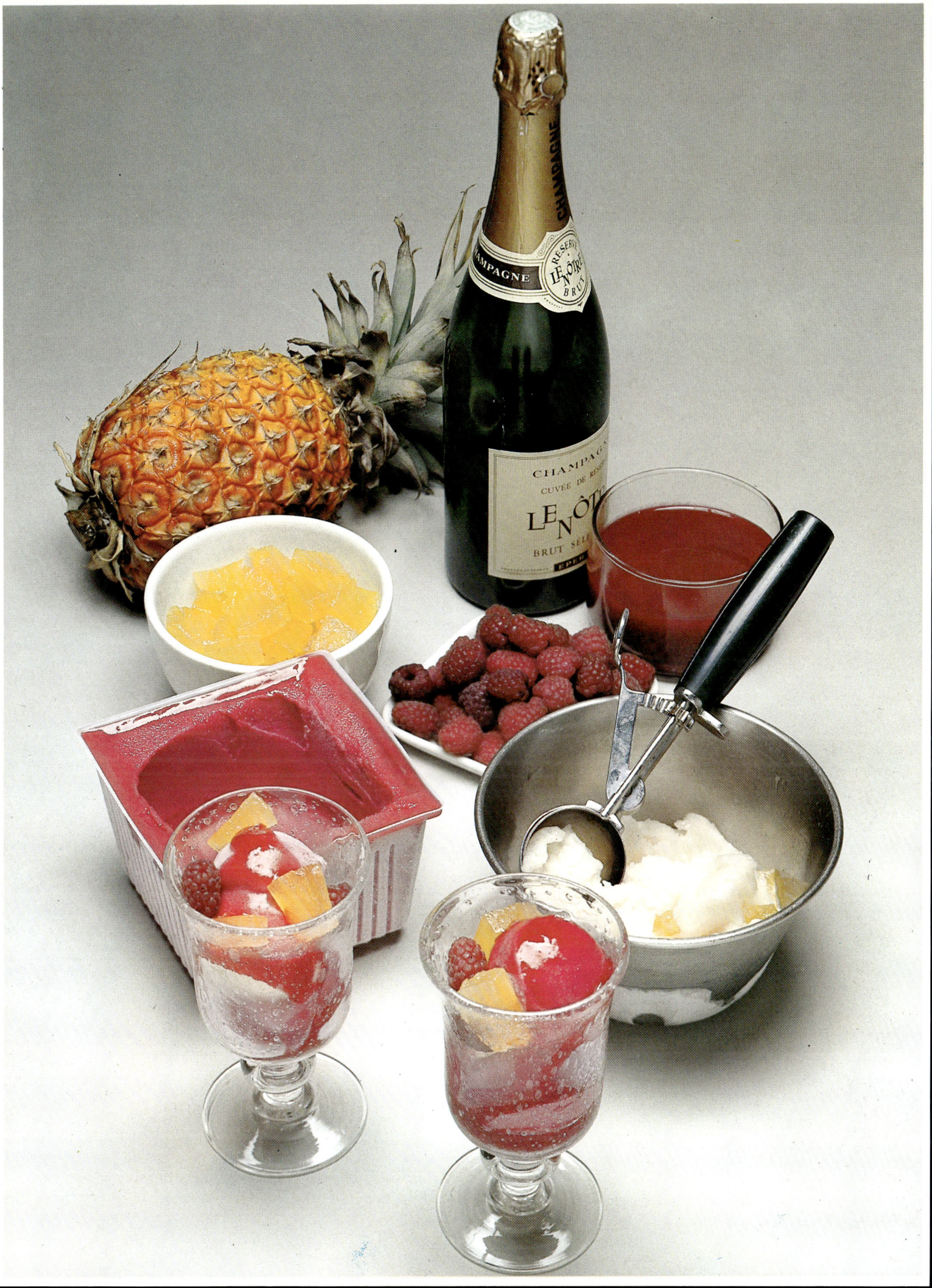

Sorbet champagne-framboises
Coupe champagne-framboises

Chocolat frappé

PRÉPARATION : 10 MN
GLAÇAGE : ENVIRON 1 H

POUR 1 LITRE :

6,5 DL DE GLACE AU CHOCOLAT (P. 20)
3,5 DL DE GRANITÉ AU CAFÉ (CI-DESSOUS)

La glace au chocolat doit avoir une consistance de purée afin de pouvoir y incorporer les paillettes de granité. Si elle sort du congélateur, laissez-la s'assouplir 30 mn ou 1 h au réfrigérateur. Moulez immédiatement dans le moule préalablement glacé pendant 15 mn au congélateur.
Ce mélange peut attendre 2 jours avant d'être dégusté. Il fond moins vite que le granité et doit être servi moelleux.

Granité au café

PRÉPARATION : 10 MN
GLAÇAGE : 3 H

POUR 3/4 DE LITRE :

3/4 DE LITRE DE CAFÉ FORT
160 G DE SUCRE SEMOULE

Cette boisson glacée pailletée se déguste avec plaisir les jours de grande chaleur.

Préparez un café fort, versez-le avec le sucre dans le cul-de-poule ou le bol. Laissez refroidir dans un bain froid. Mettez au congélateur ou au freezer. Après une heure, le café commence à prendre en paillettes, décollez-les du bord avec la palette ou la corne. Rcommencez cette opération 4 ou 5 fois pendant le glaçage pour obtenir une glace ressemblant à de la glace pilée dont les paillettes se détachent bien. Le granité doit être dégusté dans l'heure qui suit pour qu'il ne se transforme pas en un bloc compact. On le sert dans des coupes ou des verres givrés.

Conseil : Plus le fond du récipient est large et en contact avec la sole du congélateur, plus le granité prendra vite. N'utilisez jamais de récipient en plastique, mauvais conducteur de froid.

Granité au thé

PRÉPARATION : 10 MN
GLAÇAGE : 3 H

POUR 1 LITRE :

1 LITRE D'EAU
10 A 15 G DE THÉ DE CEYLAN
160 G DE SUCRE SEMOULE

Préparez l'infusion de thé et procédez comme pour le granité au café (ci-dessus).
Nous vous conseillons d'utiliser de préférence une qualité Orange Pekoe. Le granité doit être dégusté dans l'heure qui suit.

Parfaits et Entremets Glacés

Conseils généraux

Le parfait est une préparation glacée à base de jaunes d'œufs et soit de lait (recette de base : parfait à la vanille), soit de sirop à 28° B (recette de base : parfait à l'alcool).
La cuisson se fait au bain-marie et on émulsionne au fouet. On n'utilise pas de sorbetière mais seulement un fouet électrique pendant le refroidissement à température ambiante. On lui ajoute par la suite de la crème fouettée et un parfum au choix, alcoolisé ou non.
Le parfait augmente beaucoup de volume et, de ce fait, est très léger. Un litre de parfait pèse 650 à 700 g. On compte 1 litre 1/4 de parfait pour 8 personnes.
L'emploi du congélateur est indispensable autant pour la fabrication du parfait que pour celle des entremets glacés dont il est la base.
Si le parfait est délicieux en lui-même, il sert également de base à deux catégories d'entremets glacés : 1) les biscuits et les vacherins dont le décor a beaucoup d'importance, 2) les soufflés où le décor n'a pas moins d'importance.

1° Les biscuits glacés et les vacherins se dressent de la même façon. Placez un cercle à entremets de 5 cm de hauteur sur un carton ou une plaque de même diamètre. Déposez-y le fond de biscuit ou de meringue de 2 cm au maximum d'épaisseur, puis garnissez de parfait suivant les recettes.

Démoulage : le démoulage se fait à l'aide d'une éponge mouillée chaude appliquée tout autour du cercle en prenant garde de ne pas mettre d'eau sur le parfait. On essuie rapidement le cercle, et on le soulève en poussant si besoin sur la glace. Puis on dresse le biscuit glacé ou le vacherin sur le plat de service.

2° Les soufflés glacés doivent donner l'impression d'être bien montés. On rehausse donc le bol à soufflé en entourant celui-ci d'une bande de papier un peu rigide qui doit dépasser la hauteur du bol de 3 cm et avoir une longueur égale à la circonférence du bol plus 1 à 2 cm pour la fermer avec du papier collant (voir photo p. 50).
On pose le bol à soufflé ainsi habillé sur une assiette afin que le papier ne glisse pas pendant les manipulations. On le garnit de parfait suivant la recette. Au moment de servir on enlève la bande de papier.

Boule de neige

PRÉPARATION : 45 MN ENVIRON
CONGÉLATION : 4 H AU MINIMUM

POUR 10 PERSONNES :

1/2 LITRE DE GLACE A LA VANILLE (P. 7)
4 DL DE SORBET AUX FRAISES (P. 28)
1/2 LITRE DE PARFAIT A LA VANILLE (P.43)
14 BIGARREAUX CONFITS
50 G DE PRALINÉ NOISETTES

DÉCOR :

1/4 DE LITRE DE CHANTILLY (P. 58)
10 G DE VIOLETTES DE TOULOUSE

Le moulage en est un peu long et délicat, mais tous les éléments peuvent être préparés à l'avance.

Chemisez l'intérieur du moule préalablement glacé de glace à la vanille avec une spatule à bout arrondi (voir conseils p. 8). Mettez au congélateur 1 h. Chemisez à nouveau de sorbet aux fraises, remettez au congélateur 1 h. Il reste un puits de 1/2 litre à remplir.
Versez 1/4 de litre du parfait dans lequel vous répartissez les bigarreaux coupés en deux ou en quatre.
Mettez à durcir au congélateur pendant 15 mn environ. Pendant ce temps, secouez le praliné-noisettes dans un bol : les gros grains remontent à la surface ; réservez les plus gros pour le décor, mélangez le reste dans le parfait à la vanille et finissez de remplir le moule ; ajoutez encore 5 bigarreaux coupés en deux.
Remettez au congélateur 2 h au minimum pour bien faire prendre le tout.
Si l'on veut remplacer les bigarreaux par du praliné-noisettes, on peut alors mélanger 100 g de praliné-noisettes au 1/2 litre de parfait à la vanille et garnir le puits avec le parfait en une seule fois.

Décor : Préparez la chantilly. Procédez au démoulage. A l'aide de la poche à douille cannelée, dressez la chantilly en appuyant pour former des étoiles sur toute la surface de la boule. Elles doivent être fines pour ne pas former une grosse épaisseur de chantilly. Parsemez de morceaux de violettes, de grains de praliné et de demi-bigarreaux.
Mettre la boule de neige 20 à 30 mn au réfrigérateur avant de servir, mais pas au congélateur car le décor durcirait trop vite.

Conservation : 15 jours au congélateur dans le moule, donc avant décor.

Parfait au café

PRÉPARATION : 20 MN
CUISSON : 10 MN

Portez à ébullition le lait, les grains de café moulus grossièrement et la moitié du sucre. Hors du feu, laissez infuser pendant 10 mn en couvrant la

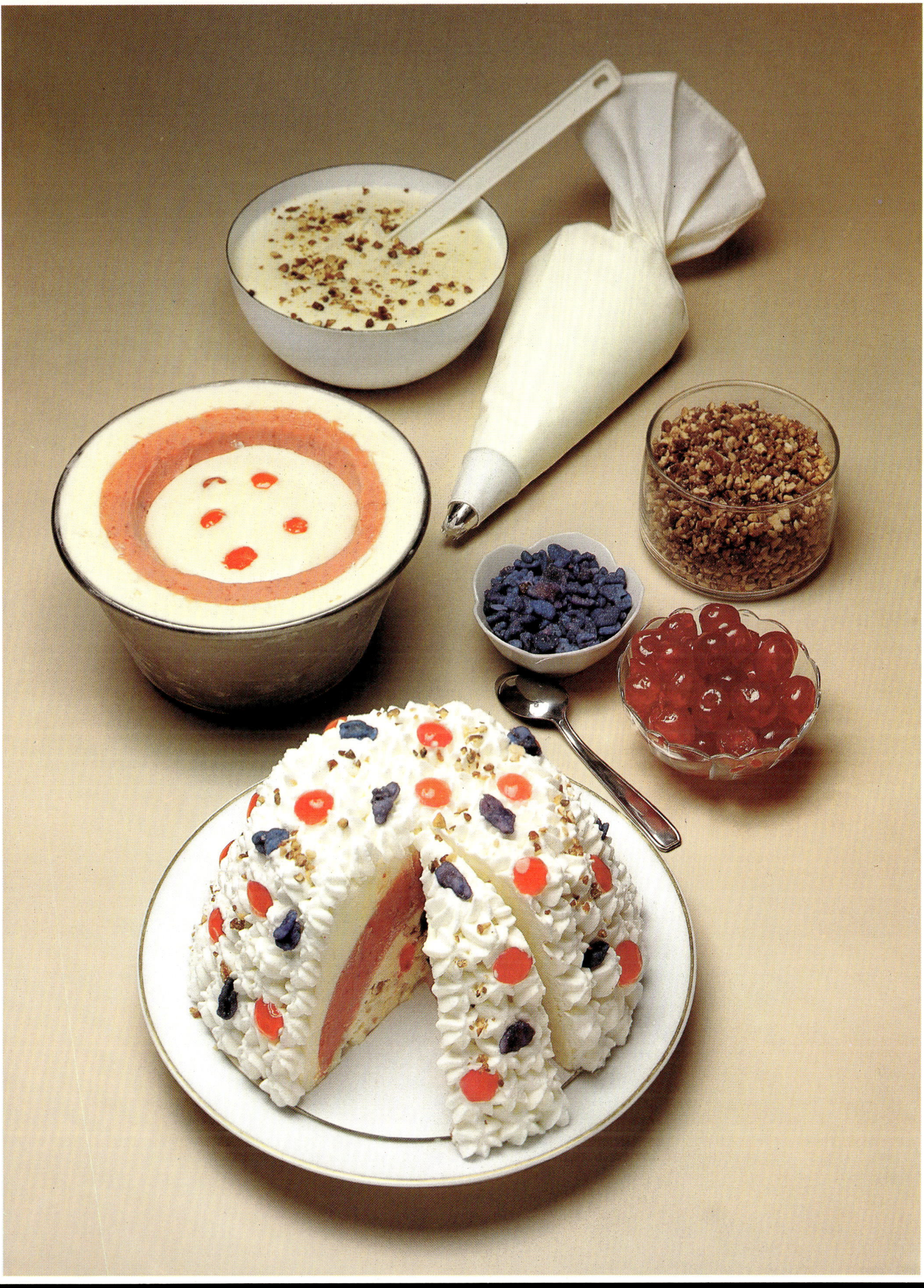

Boule de neige

REFROIDISSEMENT : 1 H 30
CONGÉLATION : 3 H
POUR 8 PERSONNES :

1/4 DE LITRE DE LAIT
20 GRAINS DE CAFÉ
4 CUILLERÉES A CAFÉ DE CAFÉ SOLUBLE
OU 1 CUILLERÉE A SOUPE D'EXTRAIT DE CAFÉ
200 G DE SUCRE SEMOULE
6 JAUNES D'ŒUFS
1/4 DE LITRE DE CRÈME FOUETTÉE (1 DL DE CRÈME FRAÎCHE ÉPAISSE FOUETTÉE AVEC 2 CUILLERÉES A SOUPE DE LAIT)

casserole. Passez à travers une passoire fine. Ajoutez le café soluble ou l'extrait de café afin de donner une belle coloration au parfait. Procédez ensuite comme pour le parfait à la vanille (p. 43). Moulez rapidement dans un bol à soufflé (voir conseils généraux p. 39) et congelez 3 h.

Idée de composition : Soufflé panaché vanille-café.

Parfait au chocolat

PRÉPARATION : 20 MN
CUISSON : 10 MN
REFROIDISSEMENT : 30 MN
CONGÉLATION : 2 A 3 H
POUT 1 LITRE 1/2 DE PARFAIT SOIT 12 A 14 PERSONNES :

1/4 DE LITRE DE LAIT
200 G DE SUCRE EN POUDRE
6 JAUNES D'ŒUFS
400 G DE CHOCOLAT FONDANT EN TABLETTE
1/2 LITRE DE CRÈME FOUETTÉE (2 DL DE CRÈME FRAÎCHE ÉPAISSE FOUETTÉE AVEC 4 CUILLERÉES A SOUPE DE LAIT)

Mettez au réfrigérateur le cul-de-poule contenant les ingrédients nécessaires à la préparation de la crème fouettée.
Préparez un appareil en procédant comme pour le parfait à la vanille (p. 43). Coupez le chocolat en petits morceaux, incorporez-le à l'appareil chaud en fouettant. Suivez les conseils de refroidissement, mais ne mettez pas au réfrigérateur, le chocolat ferait durcir trop vite le mélange. Quand il est encore un peu tiède, incorporez-y la crème fouettée. Moulez rapidement ou utilisez de suite dans les recettes ci-dessous. Mettez au congélateur pendant au moins 2 h.

Parfait au chocolat individuel

PRÉPARATION : 20 MN
CONGÉLATION : 2 A 3 H

POUR 8 PERSONNES :

12 DL DE PARFAIT AU CHOCOLAT (CI-DESSUS)
8 FONDS DE BISCUIT ORANGE AUX AMANDES (P. 56)
8 TRANCHES D'ORANGES CONFITES
8 RAMEQUINS INDIVIDUELS
8 CERCLES A TARTELETTES

Surmontez chaque ramequin d'un cercle à tartelette. Tapissez le fond de biscuit à l'orange, recouvrez jusqu'à ras bord de parfait au chocolat. Mettez à congeler pendant 2 h au moins. Au moment de servir, ôtez les cercles à l'aide d'un couteau, décorez la surface d'une tranche d'orange confite coupée en 4 pour faciliter la dégustation.

Conservation avant décor : 4 jours au congélateur.

Parfait à la vanille

PRÉPARATION : 20 MN
CUISSON : 10 MN
REFROIDISSEMENT : 1 H 30
CONGÉLATION : 3 H

POUR 8 A 10 PERSONNES :

1/4 DE LITRE DE LAIT
1 GOUSSE DE VANILLE
200 G DE SUCRE SEMOULE
6 JAUNES D'ŒUFS
1/4 DE LITRE DE CRÈME FOUETTÉE

Cette mousse glacée doit être moulée rapidement dans un bol à soufflé pour être dégustée telle quelle ou bien panachée avec d'autres parfums.

Mettez au réfrigérateur le cul-de-poule contenant les ingrédients nécessaires à la préparation de la crème fouettée.
D'une part, portez à ébullition le lait, la moitié du sucre et la gousse de vanille fendue dans la longueur. Ôtez la casserole du feu et laissez infuser la vanille pendant 10 mn en couvrant la casserole.
D'autre part, dans un bol, fouettez à vitesse moyenne les jaunes d'œufs et le reste du sucre pendant une minute pour les blanchir.
Remettez la casserole sur le feu. Lorsque le lait bout, versez-en un peu sur les jaunes d'œufs blanchis et reversez le tout dans la casserole sur feu doux, en vannant sans arrêt avec la spatule de bois. La quantité importante de jaunes d'œufs permet de monter la cuisson presque jusqu'à 90°. Soyez quand même attentif car le mélange ne doit pas bouillir. Dès que la sauce nappe la spatule, arrêtez la cuisson.

Refroidissement : Transvasez l'appareil cuit dans le bol mélangeur, ôtez la gousse de vanille. Battez jusqu'à refroidissement au fouet électrique à vitesse moyenne pendant 10 mn et à petite vitesse pendant 20 mn. L'appareil prend alors la consistance d'un appareil à génoise et forme le ruban (c'est-à-dire qu'il retombe de la spatule en se plissant comme un ruban).
Mettez cet appareil mousseux au réfrigérateur pendant une heure environ pour l'amener à la même température que la crème fraîche.
Préparez la crème fouettée, incorporez-lui l'appareil petit à petit avec légèreté à l'aide de la spatule souple. Il faut mouler le parfait dans les 2 h qui suivent (voir conseils généraux p. 39) et le laisser durcir pendant 3 h au congélateur.

Conservation : 15 jours au congélateur, une fois moulé.

Utilisation : Panaché avec le sorbet à l'ananas ; boule de neige, soufflé vanille-café ou vanille-chocolat.

Parfait à la vanille parfumé au café

PRÉPARATION : 10 MN
CONGÉLATION : 3 H

POUR 8 PERSONNES :

1 LITRE 1/4 DE PARFAIT A LA VANILLE (CI-DESSUS)
2 CUILLERÉES A SOUPE D'EXTRAIT DE CAFÉ
2 CUILLERÉES A SOUPE DE CAFÉ SOLUBLE

Réalisé à partir d'un parfait à la vanille déjà préparé.

Mélangez au bain-marie l'extrait de café et le café soluble jusqu'à ce que les paillettes de café soient dissoutes. Incorporez d'abord 2 cuillerées à soupe du parfait puis mélangez le tout à l'aide d'une spatule. Moulez rapidement dans un bol à soufflé (voir conseils généraux page 39) et congelez pendant 3 h.

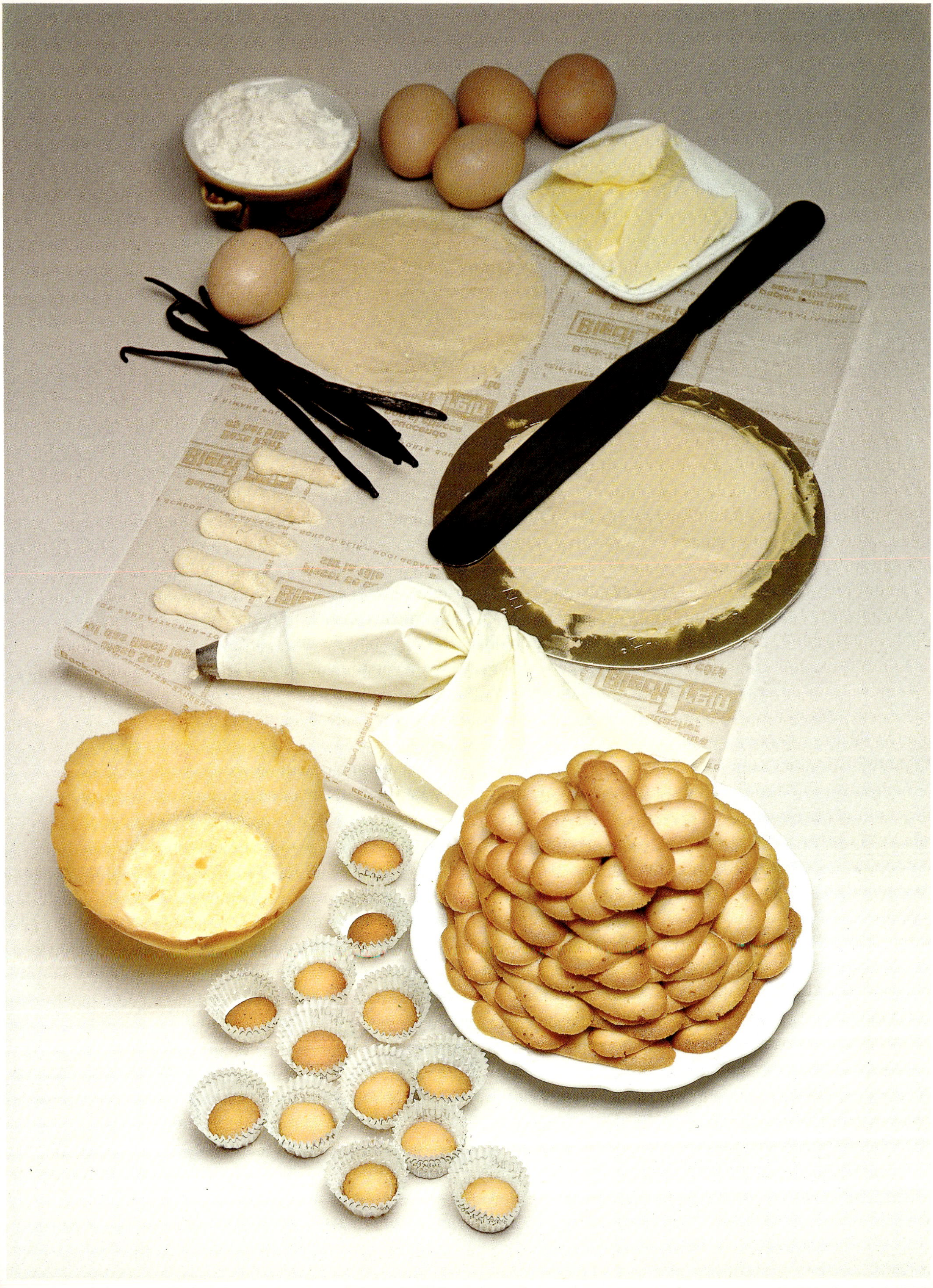

Langueur de chat - Tulipe

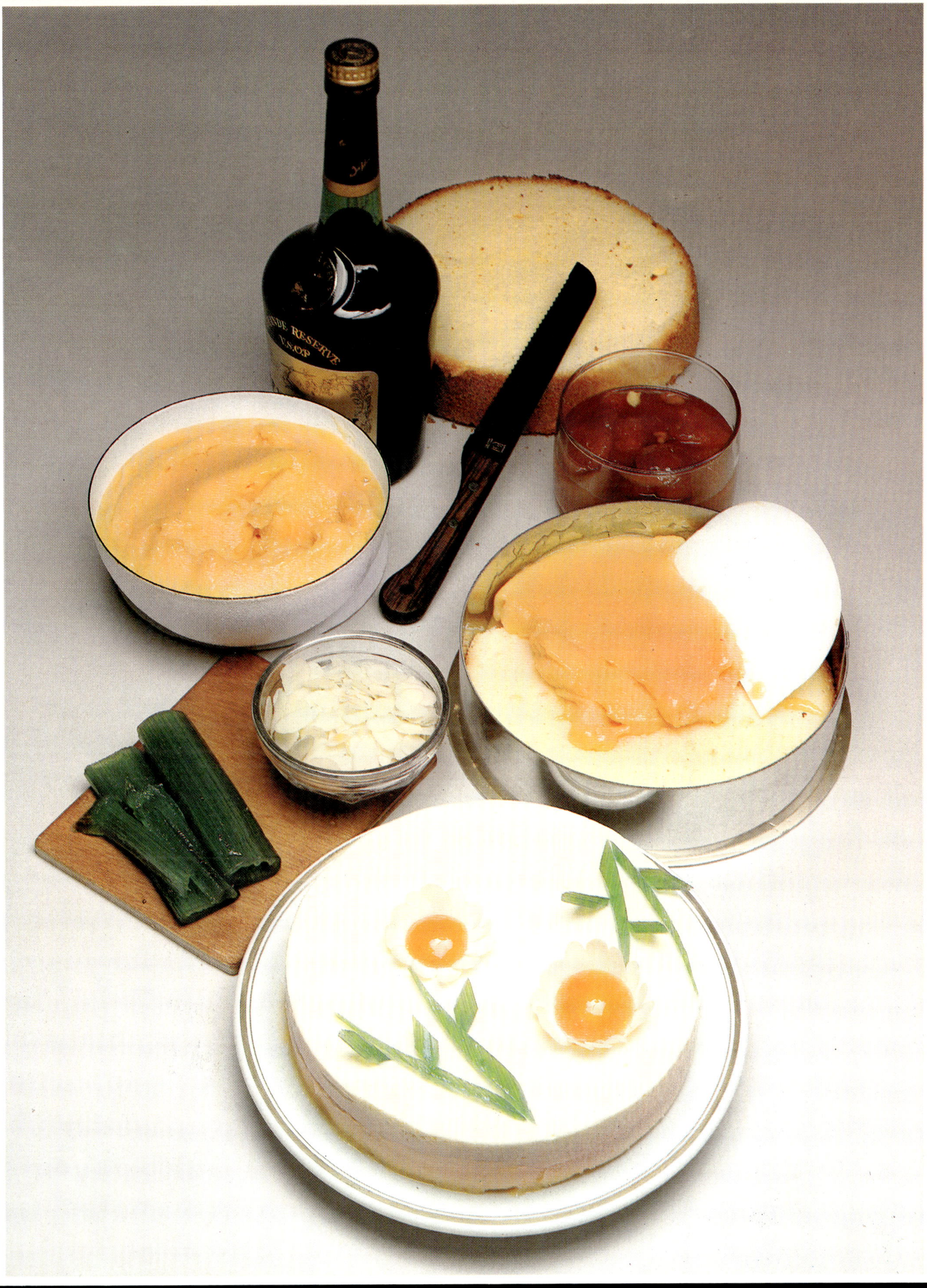

Biscuit glacé de cognac

Parfait à l'alcool

PRÉPARATION : 25 MN
DONT CUISSON : 20 MN
REFROIDISSEMENT 1 H 10 MN
CONGÉLATION : 3 H

POUR 6 OU 10 PERSONNES :

POUR 1 LITRE

4 JAUNES D'ŒUFS
1,7 DL DE SIROP A 28° B (P. 57)
5 DL DE CRÈME FOUETTÉE (2 DL DE CRÈME FRAÎCHE ÉPAISSE FOUETTÉE AVEC 4 CUILLERÉES A SOUPE DE LAIT)
1 CUILLERÉE A SOUPE D'ALCOOL

MATÉRIEL
CERCLE A TARTELETTE
BOL MÉLANGEUR
FOUET ÉLECTRIQUE
CUL-DE-POULE DE 3 LITRES

Grand marnier, kirsch, rhum ou cognac conviennent bien à cette recette qui est réalisée à base de sirop et non de lait.

Mettez au réfrigérateur le cul-de-poule contenant les ingrédients nécessaires à la préparation de la crème fouettée.
Préparez le bain-marie. Pour cela, posez le cercle à tartelette dans la casserole de 3 litres. Remplissez d'eau à moitié et portez à ébullition.
Dans la petite casserole, faites tiédir le sirop à 28° B, vérifiez la température avec un thermomètre à yaourt, elle doit atteindre 30 à 40°.
Dans le cul-de-poule de 3 litres, battez les jaunes d'œufs en omelette et mélangez petit à petit le sirop tiédi en fouettant vivement.

Cuisson : Posez le cul-de-poule sur le cercle à tartelette dans le bain-marie frissonnant, et faites cuire en détachant toutes les 3 ou 4 mn, avec une spatule souple ou une corne, la partie cuite sur les parois. La cuisson dure 20 mn, toujours au bain-marie frissonnant. Plus le cul-de-poule utilisé est large, plus l'opération se fait rapidement.
Transvasez l'appareil épaissi dans le bol mélangeur muni du fouet électrique. Fouettez à grande vitesse pendant 1 mn, puis à vitesse moyenne pendant 5 mn et à petite vitesse encore 5 mn. La masse augmente de volume et fait le ruban, c'est-à-dire qu'elle retombe de la spatule en se plissant comme un ruban.
Mettez le bol au réfrigérateur pendant 1 h pour amener la masse à une température de 4° environ, comme la crème fraîche.
Préparez la crème fouettée, incorporez-lui l'appareil petit à petit à l'aide de la spatule. Ajoutez en même temps l'alcool choisi.
Vous pouvez séparer la masse en deux parties et la parfumer avec deux alcools différents.
Cette préparation n'attend pas ; il faut la mouler rapidement dans un bol à soufflé et la mettre au congélateur 3 h au moins, ou l'utiliser de suite dans différentes recettes.

Biscuit glacé de Cognac

PRÉPARATION : 30 MN
CONGÉLATION : 3 H 40

POUR 10 PERSONNES :

1 FOND DE BISCUIT AUX AMANDES DE Ø 20 CM × 2 CM DE HAUT (P. 55)
1/2 LITRE DE SORBET AUX ABRICOTS (P. 24)
1/2 LITRE DE PARFAIT AU COGNAC
500 G DE CONFITURE D'ABRICOTS AVEC OREILLONS

Posez le cercle à entremets sur le carton. Garnissez avec le fond de biscuit et mettez au congélateur pendant 20 mn. Vous obtenez ainsi le moule à garnir. Refroidissez également le pot de confiture.
Dans ce moule, mettez le sorbet aux abricots en une couche et remettez au congélateur pendant 20 mn. Étalez la confiture dans un plat et triez les morceaux ; il en faut environ 250 g. Réservez les 5 plus beaux oreillons pour le décor. Coupez le reste en petits morceaux, mélangez-les au parfait. Finissez de remplir le moule et remettez au congélateur pendant 3 h au moins.
Avant de démouler (voir conseils p. 39), faites glacer le plat de service pendant 30 mn.

50 G D'ANGÉLIQUE EN BRANCHE
AMANDES EFFILÉES
1 DL DE CHANTILLY (P. 58) (FACULTATIF)
CERCLE A ENTREMETS DE ∅ 20 CM × 5 CM DE HAUT
CARTON A ENTREMETS DE MÊME ∅

Décor : Vous pouvez couvrir la surface d'une fine couche de Chantilly, ou dresser le décor directement sur le parfait en formant une fleur avec les oreillons d'abricots, les amandes effilées et l'angélique coupée en tiges et en losanges.

Accompagnement : Coulis d'abricots.

Conservation sans le décor : 15 jours au congélateur.

Conseil : Si les oreillons de la confiture ne sont pas assez beaux, utilisez des abricots au sirop pour le décor.

Biscuit glacé du Roussillon

PRÉPARATION : 20 MN
CONGÉLATION : 3 H 20
POUR 10 PERSONNES :
1 FOND DE BISCUIT AUX AMANDES (P. 55) OU DE BISCUIT ORANGE AUX AMANDES (P. 56) DE ∅ 20 CM × 2 CM DE HAUT
1/2 LITRE DE SORBET A L'ORANGE (P. 34)
1/2 LITRE DE PARFAIT AU CHOCOLAT (P. 42)
50 G DE VERMICELLES DE CHOCOLAT
100 G D'ÉCORCES D'ORANGES CONFITES
CERCLE A ENTREMETS DE ∅ 20 CM × 5 CM DE HAUT
CARTON A ENTREMETS DE MÊME ∅

Posez le cercle à entremets sur le carton. Garnissez avec le fond de biscuit choisi et mettez au congélateur pendant 20 mn. Vous obtenez ainsi le moule à garnir.
Étalez le sorbet à l'orange sur le fond avec la palette, et finissez de garnir avec le parfait au chocolat. Saupoudrez toute la surface de vermicelles de chocolat et remettez au congélateur pendant 3 h.
Avant de démouler (voir conseils p. 39), faites glacer le plat de service pendant 30 mn.

Décor : Taillez l'écorce d'orange et décorez la surface de dessins de votre choix.

Accompagnement : Sauce à l'orange.

Conservation : Sans le décor, 8 jours au congélateur. Avec le décor, une demi-journée.

Biscuit glacé Médicis

PRÉPARATION : 20 MN
CONGÉLATION : 3 H 20
POUR 8 PERSONNES :
1 FOND DE SUCCÈS (P. 57) OU DE MERINGUE FRANÇAISE DE ∅ 20 CM × 2 CM DE HAUT (P.56)
8 DL DE GLACE A LA PISTACHE
OU 4 DL DE GLACE A LA PISTACHE
ET 4 DL DE PARFAIT AU CHOCOLAT (P. 42)
DÉCOR :
1 TABLETTE DE CHOCOLAT FONDANT
CERCLE A ENTREMETS DE ∅ 20 CM × 5 CM DE HAUT
CARTON A ENTREMETS DE MÊME ∅

Posez le cercle à entremets sur le carton. Garnissez avec le fond choisi et mettez au congélateur pendant 20 mn. Vous obtenez ainsi le moule à garnir.
Remplissez entièrement ce moule de glace à la pistache ou d'une couche de glace à la pistache et d'une couche de parfait au chocolat. Lissez avec la palette, et remettez au congélateur pendant 3 h.
Avant de démouler (voir conseils p. 39), faites glacer le plat de service pendant 30 mn.

Décor : Râpez des copeaux de chocolat sur toute la surface. Les copeaux seront plus beaux si vous passez la tablette de chocolat à 30 cm d'une source de chaleur pendant 1 s pour la tempérer.

Accompagnement : Sauce à profiteroles.

Conservation : Sans le décor, 15 jours au congélateur. Avec le décor, une demi-journée.

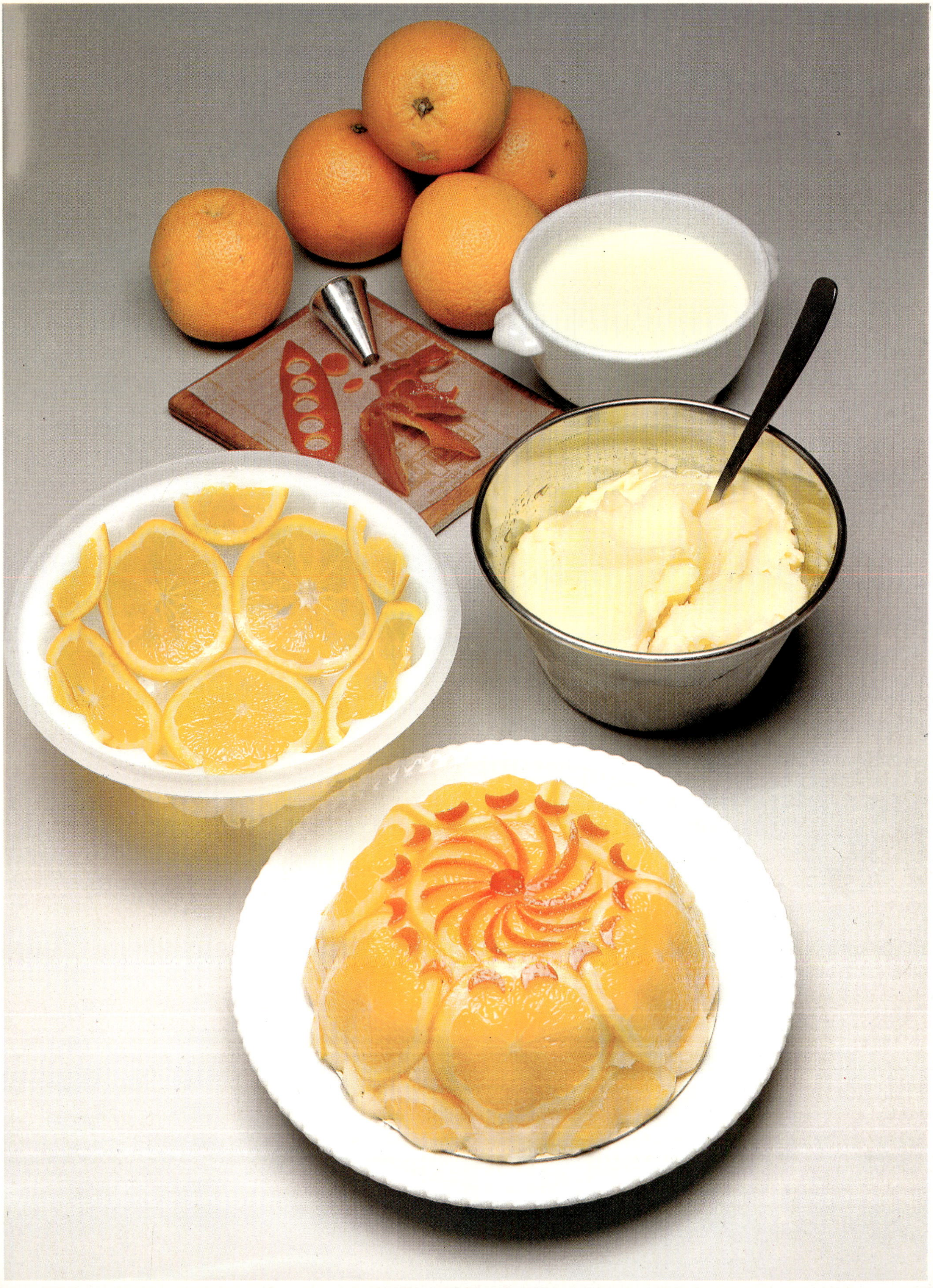

Rosace glacée au Grand-Marnier

Rosace glacée au Grand Marnier

PRÉPARATION : 25 MN
REFROIDISSEMENT : 50 MN
CONGÉLATION : 2 H

POUR 8 PERSONNES :

200 G DE TRANCHES D'ORANGES CONFITES
1/2 LITRE DE PARFAIT AU GRAND MARNIER (P.46)
3/4 DE LITRE DE SORBET A L'ORANGE (P. 34)
50 G D'ÉCORCES D'ORANGES CONFITES
MOULE A BAVAROIS OU MOULE EN PLASTIQUE D'1 LITRE 1/2 A DEUX OUVERTURES

Chemisez l'intérieur du moule avec les 10 tranches d'orange les plus fines. Mettez au congélateur pendant 30 mn environ. Hachez finement le reste des oranges et incorporez-les au parfait au Grand Marnier.
A l'aide de la palette, couvrez l'intérieur du décor d'une couche de sorbet à l'orange (comme on recouvre un mur d'enduit) ; faites-le avec précaution pour ne pas déplacer les tranches d'orange. Pour réussir cette opération, le sorbet à l'orange doit être souple comme il l'est au sortir de la sorbetière. Si ce n'est pas le cas, n'hésitez pas à l'assouplir par un passage d'une quinzaine de minutes au réfrigérateur.
Ensuite, remettez au congélateur pendant 20 mn. Lissez le puits de sorbet avec une cuiller, versez le parfait au Grand Marnier jusqu'à ras bord, lissez la surface, mettez de nouveau au congélateur pendant 2 h avant de fermer le moule pour que l'entremets durcisse vite.
Démoulez en trempant le moule dans un récipient rempli d'eau tiède à 35° pendant 15 s.

Décor : Détaillez au couteau et avec une douille unie de fines lamelles d'écorces d'oranges confites ; posez-les au sommet de l'entremets, en formant une rosace. Remettez immédiatement au congélateur et dégustez le jour même.
Le découpage se fait avec un couteau bien aiguisé trempé dans de l'eau très chaude et essuyé rapidement.

Conservation avant décor : 15 jours au congélateur dans le moule fermé.

Soufflé panaché à la vanille *Photo page 50*

PRÉPARATION : 20 MN
CONGÉLATION : 4 H

POUR 8 PERSONNES :

6,5 DL DE PARFAIT A LA VANILLE (P.43)
6,5 DL DE PARFAIT AU CAFÉ (P. 40)
OU 6,5 DL DE PARFAIT AU CHOCOLAT (P. 42)
1/2 DL DE CHANTILLY (P. 58)
GRAINS DE CAFÉ LIQUEUR OU CHOCOLAT
OU PASTILLES EN CHOCOLAT
BOL A SOUFFLÉ DE ∅ 15 CM
BANDE DE PAPIER SILICONÉ
OU PAPIER RIGIDE DE 52 × 10 CM
PAPIER COLLANT
2 CARTONS RIGIDES DE 15 × 10 CM

D'une part, entourez le bol de la bande de papier fermée avec du papier collant et posez-le sur une assiette (voir conseils p. 39 et photo p. 50). D'autre part, avec les deux rectangles de carton rigide de 15 × 10 cm, formez une croix en les entaillant au milieu pour les encastrer l'un dans l'autre. Posez-les dans le bol à soufflé, ils délimiteront quatre compartiments.
Versez l'un des parfaits dans deux compartiments opposés. Pour vous aider, mettez deux poids dans les compartiments vides pour que les cartons ne bougent pas. Laissez durcir 2 h au congélateur.
Retirez la croix de carton en glissant un couteau légèrement chauffé entre le parfait et le carton. Versez le second parfait dans les deux compartiments vides et remettez 2 h au congélateur. Au moment de servir, décollez le papier.
Décorez la surface de rosaces de chantilly surmontées de grains de café liqueur ou de grains de café ou de pastilles en chocolat.

Conseil : Vous pouvez simplifier cette recette : versez d'abord le parfait à la vanille dans le fond du moule, faites durcir, puis versez l'autre parfait. La manipulation est plus simple mais la présentation moins raffinée.

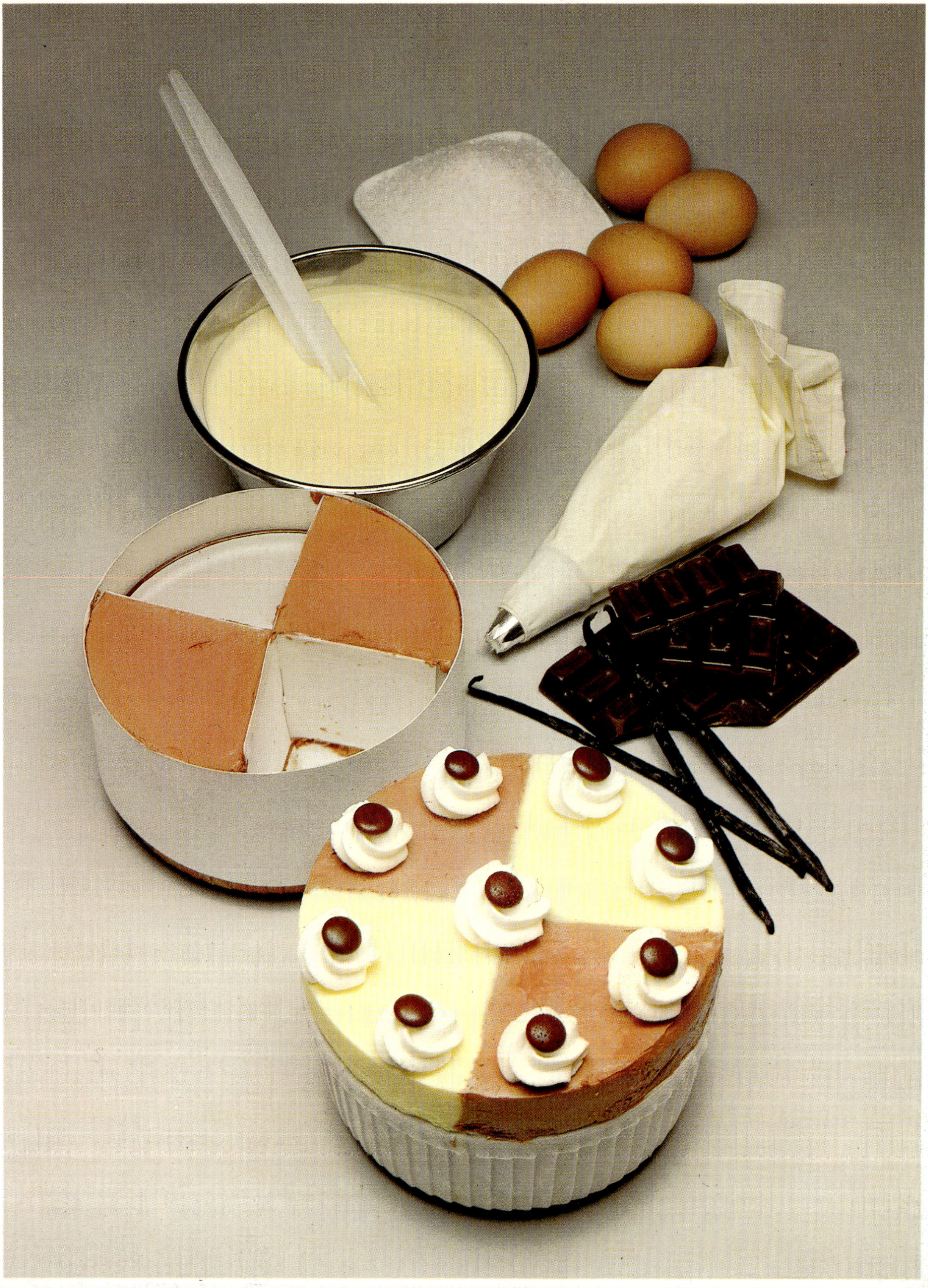

Soufflé panaché vanille-chocolat

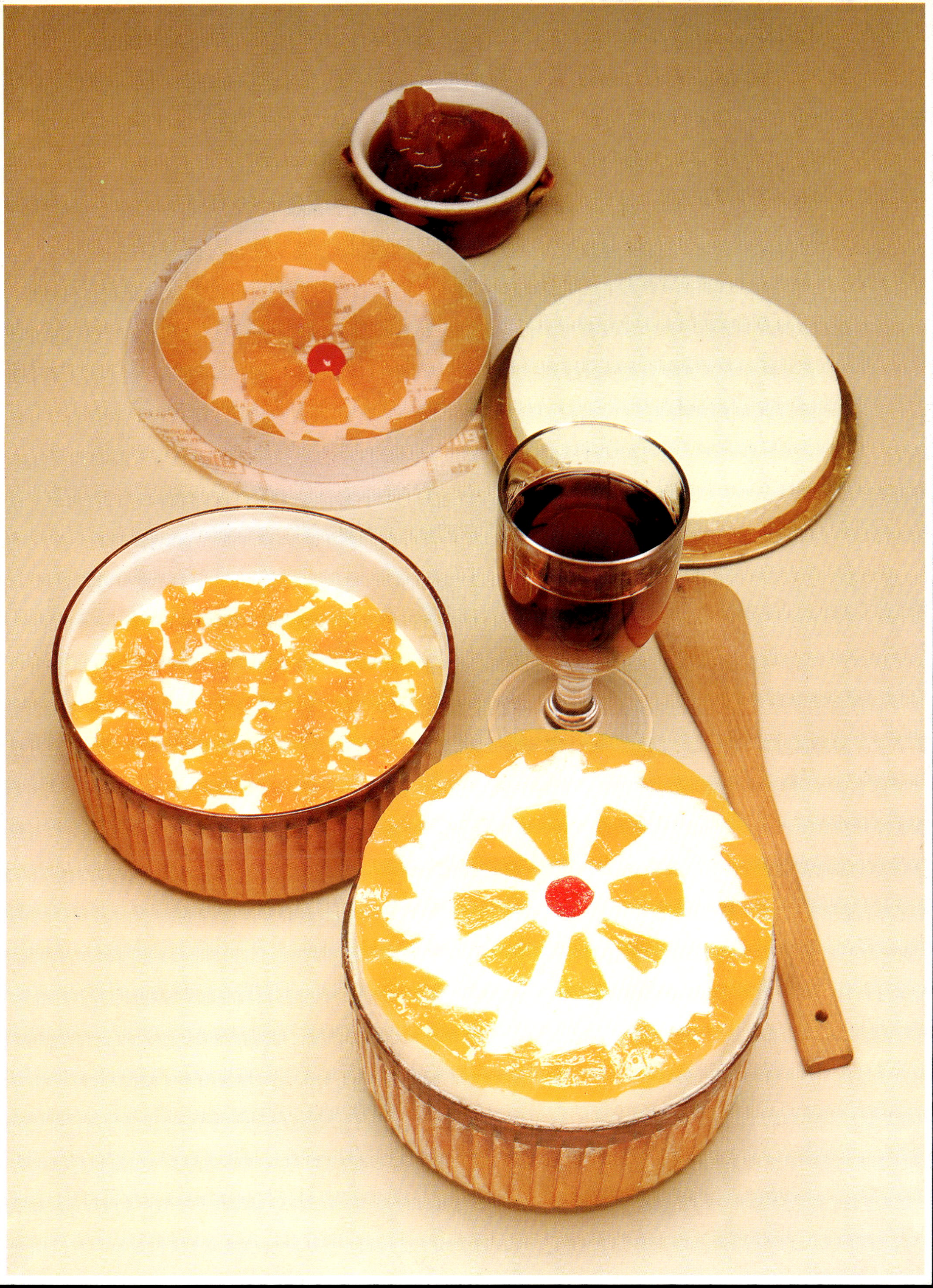

Soufflé Port-Royal

Soufflé Port-Royal

Photo page 51

PRÉPARATION : 30 MN
CUISSON : 15 MN
CONGÉLATION : 3 H

POUR 8 PERSONNES :

1 LITRE DE PARFAIT AU RHUM (P. 46)
180 G D'ABRICOTS AU SIROP
1 DL DU SIROP DE LA BOÎTE OU DU BOCAL
100 G DE SUCRE SEMOULE
8 TRANCHES D'ANANAS CONFIT
1 BIGARREAU CONFIT
BOL A SOUFFLÉ DE ∅ 15 CM
BANDE DE CARTON LÉGER
D2 52 × 2,5 CM, PAPIER COLLANT
PAPIER SILICONÉ, PALETTE
PINCEAU, CASSEROLE D'1 LITRE

A base de parfait au rhum, il est enrichi d'une marmelade d'ananas et d'abricots.

Ce soufflé se prépare en deux parties : le soufflé lui-même d'une part, et d'autre part le décor qui viendra le chapeauter.
Faites réduire les abricots, le sirop et le sucre sur petit feu en remuant pour éviter que la marmelade attache.
Pendant la cuisson, préparez le décor (photo p. 51). Avec la bande de carton, formez un cylindre de ∅ 15 cm, fermez-le avec du papier collant et posez-le sur une assiette de même taille recouverte de papier siliconé. Coupez les tranches d'ananas en dés. Sur le fond de papier siliconé, posez les dés d'ananas les plus beaux bien à plat en dessinant un cercle sur tout le tour et une croix au centre dont le milieu est marqué par le bigarreau.
Arrêtez la cuisson de la marmelade dès que les abricots sont tendres sous la pointe du couteau et ajoutez le reste de dés d'ananas. Faites refroidir rapidement dans un bain froid puis au réfrigérateur pour amener à 4°.
Garnissez le bol à soufflé de 3 couches de parfait intercalées de 2 couches de marmelade, lissez à ras bord.
Remplissez également de parfait le cylindre du décor.
Mettez le bol à soufflé garni et le décor au congélateur pendant 3 h au moins.
Retournez le décor sur le bol à soufflé, décollez le carton, vous voyez alors apparaître le dessin fait de dés d'ananas.

Conservation : 8 jours au congélateur sans enlever le carton.

Soufflé au grand marnier

PRÉPARATION : 20 MN
CONGÉLATION : 3 H ENVIRON
POUR 8 PERSONNES :
1 LITRE DE PARFAIT AU GRAND MARNIER (P. 46)
ET 1 FOND DE BISCUIT AUX AMANDES (P. 55)
OU DE BISCUIT ORANGE AUX AMANDES (P.56) DE ∅ 15 CM × 2 CM DE HAUT OU
1 LITRE 1/4 DE PARFAIT AU GRAND MARNIER (P. 46) ET
100 G DE FRUITS CONFITS
1/2 DL DE GRAND MARNIER
50 G DE CRAQUELIN NOUGATINE
OU 8 QUARTIERS D'ORANGE DÉGUISÉE
BOL A SOUFFLÉ DE ∅ 15 CM
PAPIER SILICONÉ OU RIGIDE
DE 52 CM × 10 CM
PAPIER COLLANT, PINCEAU, PALETTE

Coupez les fruits confits en petits dés, laissez-les macérer 30 mn dans le Grand Marnier.
Entourez le bol de la bande de papier, fermez avec du papier collant et posez-le sur une assiette (voir conseils p. 39 et photo p. 50).
Égouttez les fruits confits. Punchez le biscuit avec le Grand Marnier à l'aide du pinceau. Remplissez un tiers du moule de parfait. Parsemez de quelques fruits confits. Posez le fond de biscuit, finissez de remplir avec le parfait en incorporant le reste des fruits confits. Mettez au congélateur pendant 3 h.
On peut supprimer le fond de biscuit et remplir simplement le moule avec 1 litre 1/4 de parfait en y mélangeant les fruits confits.
Saupoudrez de craquelin nougatine ou décorez de quartiers d'orange déguisée. Enlevez le papier au moment de servir.

Conservation sans le décor : 8 jours au congélateur.

Vacherin fin moka

PRÉPARATION : 20 MN
CONGÉLATION : 3 H 20

POUR 8 PERSONNES :

1 FOND DE SUCCÈS (P. 57)
OU DE MERINGUE FRANÇAISE
DE ∅ 20 CM × 2 CM DE HAUT (P. 56)
8 DL DE GLACE FIN MOKA (P. 15)
60 G DE GRAINS DE CAFÉ LIQUEUR

DÉCOR :

1/2 LITRE DE GLACE FIN MOKA
GRAINS DE CAFÉ LIQUEUR
CERCLE A ENTREMETS
DE ∅ 20 CM × 5 CM DE HAUT
CARTON A ENTREMETS DE MÊME ∅
PALETTE OU CORNE, PLAT
POCHE A DOUILLE CANNELÉE

Posez le cercle à entremets sur le carton. Garnissez avec le fond choisi et mettez au congélateur pendant 20 mn. Vous obtenez ainsi le moule à garnir.
Remplissez ce moule de glace fin moka en incorporant délicatement les grains de café liqueur. Lissez la surface avec la palette, remettez au congélateur pendant 3 h.
Avant de démouler (voir conseils p. 39), faites glacer le plat de service pendant 30 mn.

Décor avec la glace fin moka : La glace doit être souple pour pouvoir être dressée à l'aide d'une poche à douille très froide. Éventuellement, la laisser 1/4 d'heure au réfrigérateur pour l'assouplir. Le décor doit être dressé très rapidement dans l'endroit le plus frais de la cuisine. Il faut 1 h de congélation supplémentaire.

Conservation : Sans le décor, 15 jours au congélateur. Avec le décor, un jour.

Vacherin aux fraises ou aux framboises

Photo page 54

PRÉPARATION : 30 MN
CONGÉLATION : 4 H
POUR 10 PERSONNES :
1 FOND DE MERINGUE
DE ∅ 20 CM × 2 CM DE HAUT (P. 56)
8 COQUES DE MERINGUE FRANÇAISE
1/2 LITRE DE GLACE A LA VANILLE
(P. 7)
OU 1/2 LITRE DE SORBET AUX
ABRICOTS (P. 24)
6 DL DE SORBET AUX FRAISES (P. 28)
OU 6 DL DE SORBET AUX FRAMBOISES
(P.28)

DÉCOR :
1/2 LITRE DE CHANTILLY (P. 58)
24 FRAISES
OU 32 FRAMBOISES FRAÎCHES
4 DL DE COULIS DU MÊME FRUIT (P. 57)
CERCLE A ENTREMETS
DE ∅ 20 CM × 5 CM DE HAUT
CARTON A ENTREMETS DE MÊME ∅
PALETTE OU CORNE
PLAT DE ∅ 25 CM
POCHE A DOUILLE CANNELÉE

Posez le cercle à entremets sur le carton. Garnissez avec le fond de meringue et mettez au congélateur pendant 20 mn. Vous obtenez ainsi le moule à garnir.
Étalez la glace à la vanille ou le sorbet aux abricots dans ce moule, et remettez au congélateur une heure. Finissez de remplir avec le sorbet aux fraises ou aux framboises, lissez la surface à la palette. Remettez au congélateur 2 h 1/2.
Avant de démouler (voir conseils p. 39), faites glacer le plat de service pendant 30 mn.

Décor : Préparez la chantilly. A l'aide de la palette, étalez-en un tiers sur toute la surface sur 1/2 cm d'épaisseur. Mettez le reste dans la poche à douille cannelée. Avec un peu de chantilly, collez les coques de meringue verticalement tout autour du vacherin, en laissant un petit espace entre chaque coque. Inspirez-vous de la photo p. 54 pour finir de décorer le tour du vacherin.
Remettez au congélateur jusqu'au moment de servir.
A la dernière minute, garnissez avec les fruits choisis et nappez de coulis. Le reste de coulis est servi en saucière.

Conservation : Sans le décor, 8 jours au congélateur. Avec le décor, une journée.

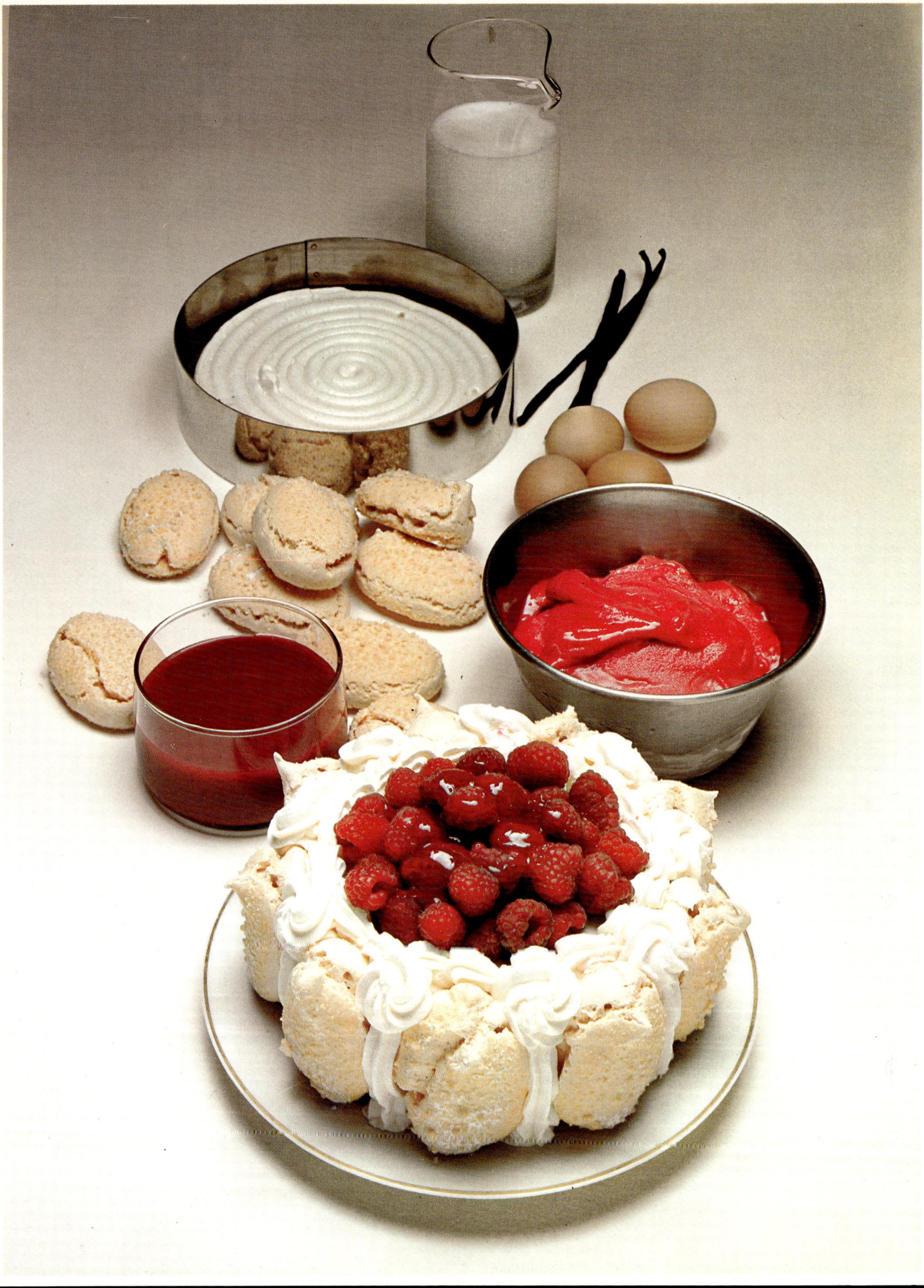

Vacherin aux framboises

Recettes de Base

Biscuit aux amandes

PRÉPARATION : 15 MN
CUISSON : 30 MN

POUR 2 FONDS DE ∅ 20 CM :

6 A 7 BLANCS D'ŒUFS (200 G)
240 G DE SUCRE SEMOULE
40 G DE FARINE, QUALITÉ TAMISÉE
80 G DE BEURRE
80 G D'AMANDES EN POUDRE
30 G D'AMANDES EFFILÉES (FACULTATIF)

2 MOULES A GÉNOISE DE ∅ 20 CM

Cette recette vous permettra d'utiliser des blancs d'œufs dans la préparation de fonds pour les entremets glacés.

Chauffez le four à 170° (th 5).
Faites fondre le beurre dans un petit cul-de-poule au bain-marie. D'autre part, beurrez et farinez copieusement les moules, parsemez-les éventuellement d'amandes effilées si vous désirez déguster le biscuit tel quel.
Dans un bol mélangeur, montez les blancs d'œufs en ajoutant deux cuillerées à soupe rases de sucre à mi-temps, et autant quand ils sont bien montés.
Incorporation d'un mélange sec à des blancs d'œufs battus :
Dans le cul-de-poule d'1 litre, mélangez le reste du sucre aux amandes et à la farine et versez-le en pluie petit à petit sur les blancs montés. D'une main, plongez la spatule verticalement au milieu des blancs pour soulever la masse délicatement. De l'autre main, tournez le bol de 1/4 de tour à chaque fois. C'est la meilleure méthode pour ne pas abîmer les blancs en y incorporant un mélange sec.
Mélangez rapidement le beurre fondu à deux cuillerées de blancs battus puis à la totalité du contenu du cul-de-poule.
Garnissez immédiatement les moules jusqu'à mi-hauteur. Mettez au four sans attendre pendant 30 mn à 170° (th 5). Démoulez encore chaud en retournant sur une assiette.
Ce biscuit ne monte pas aussi bien qu'une génoise car il est plus lourd.

Conservation : 8 jours au réfrigérateur enveloppé dans du papier d'aluminium.
Congélation : 1 mois dans un sac plastique spécial congélation.

Biscuit orange aux amandes

PRÉPARATION : 15 MN
CUISSON : 30 MN

POUR 2 FONDS DE ∅ 20 CM :

2 ORANGES
6 BLANCS D'ŒUFS (180 G)
3 GOUTTES DE COLORANT CARMIN
200 G DE SUCRE SEMOULE
200 G D'AMANDES EN POUDRE
30 G DE FARINE
20 G DE SUCRE GLACE

ZESTEUR, ROBOT-COUPE
FOUET ÉLECTRIQUE
BOL MÉLANGEUR
CUL-DE-POULE D'1 LITRE
SPATULE SOUPLE
2 CERCLES MÉTALLIQUES
DE ∅ 20 CM × 2 CM DE HAUT
PLAQUE DU FOUR
PAPIER SILICONÉ
POUDRETTE, PALETTE

Chauffez le four à 170° (th 5).
Zestez les oranges très finement sans râper la peau blanche amère, hachez les zestes.
Dans le bol mélangeur, montez les blancs d'œufs avec 3 gouttes de colorant.
Dans le cul-de-poule d'1 litre, mélangez à sec le sucre, les amandes en poudre et la farine.
Dans les blancs bien montés, incorporez les zestes d'oranges hachés, puis le mélange sec à l'aide de la spatule.
Beurrez les cercles, posez-les sur la plaque du four recouverte de papier siliconé, garnissez-les en lissant la surface à la palette. Saupoudrez de sucre glace.
Faites cuire 20 mn à 170° (th 5). Les biscuits doivent rester moelleux à l'intérieur.
Démoulez encore chaud.

Conservation : 4 jours enveloppés dans du papier d'aluminium, dans un endroit frais.

Congélation : 1 mois dans un sac plastique spécial congélation. Laissez durcir le biscuit avant de fermer le sac.

Meringue française

PRÉPARATION : 10 MN
CUISSON : 50 A 60 MN

POUR 1 FOND DE ∅ 20 CM
ET 8 COQUES :

3 BLANCS D'ŒUFS
90 G DE SUCRE GLACE
90 G DE SUCRE SEMOULE

BOL ET FOUET ÉLECTRIQUE
PLAQUES DU FOUR
PAPIER SILICONÉ
POCHE A DOUILLE DE ∅ 2 CM

Chauffez le four à 150° (th 3/4).
Montez les blancs en neige très ferme en y ajoutant à mi-temps 2 cuillerées à soupe de sucre semoule. Dans un cul-de-poule, mélangez en versant à travers une passoire fine le sucre glace et le sucre semoule. Versez ce mélange en pluie petit à petit sur les blancs.

Dressage : Dessinez avec un crayon un cercle de ∅ 18 cm sur une feuille de papier siliconé ; collez-la aux quatre coins, avec un peu de mélange, sur la plaque du four. Remplissez le cercle de meringue à l'aide de la poche à douille en un mouvement de spirale. Ensuite, dressez 8 coques ovales de 3,5 × 5 cm. (Voir photo du vacherin aux framboises p. 54.) Le tout doit tenir sur une seule plaque, ce qui facilitera la cuisson.
Faites cuire pendant 50 mn à 150° (th 3/4) en surveillant les coques qui seront cuites les premières ; le fond a besoin de 10 mn supplémentaires. La meringue devient blond très clair, le dessous doit être sec comme le dessus si on désire les conserver dans de bonnes conditions.

Utilisation : La meringue accompagne très bien toutes les glaces, et sert à préparer vacherins et biscuits glacés.

Conservation : La meringue se conserve dans une boîte hermétique de métal ou de plastique pendant 3 semaines, dans un endroit sec.

Conseil : La meringue gonfle et s'étale un peu pendant la cuisson, espacez vos pièces. Il faut des blancs très bien montés et un four bien réglé à 150°.

Fond de succès

PRÉPARATION : 15 MN
CUISSON : 80 MN

POUR 2 FONDS DE ∅ 20 CM (8 PERSONNES) ET 20 PETITS SUCCÈS

MASSE 1 :
5 BLANCS D'ŒUFS
20 G DE SUCRE SEMOULE

MASSE 2 :
170 G DE SUCRE SEMOULE
90 G DE SUCRE GLACE
90 G D'AMANDES EN POUDRE
1/2 DL DE LAIT SOIT 4 CUILLERÉES A SOUPE
2 CUILLERÉES A SOUPE DE SUCRE GLACE

2 PLAQUES DU FOUR

FOUET ÉLECTRIQUE
BOL MÉLANGEUR

Masse 1 : Montez les blancs en neige ferme en y ajoutant à mi-parcours le sucre semoule. Si vous utilisez des blancs qui vous restent et que vous ne sachiez plus combien vous en avez mis ensemble, sachez que 5 blancs = 155 g environ.
Sortez vos plaques du four et chauffez-le à 150° (th 4).

Masse 2 : Dans un bol, mélangez le sucre semoule, le sucre glace, les amandes et le lait.
Versez un peu de la *masse 1* dans la *masse 2* et reversez le tout sur la *masse 1*. Mélangez tout de suite à la spatule rapidement sans casser le mélange et sans travailler.
Beurrez et farinez vos 2 plaques du four froides ou mieux collez 2 feuilles de papier siliconé aux quatre coins avec une goutte de mélange.

Dressage : Dessinez avec un crayon sur chaque plaque un cercle de ∅ 20 cm. Remplissez-les en spirale à la poche à douille ∅ 2 cm.
Dressez également sur chaque plaque 10 grosses boules de ∅ 4 cm pour les petits succès. Saupoudrez de sucre glace.
Faites cuire 45 à 50 mn à 150° (th 4) les deux plaques à la fois en les intercalant à mi-cuisson. Retirez les petits succès et continuez la cuisson des fonds pendant 30 mn.
Dans les deux cas, surveillez la coloration, et baissez éventuellement la température car le succès, comme la meringue, colore vite.
Conservation : Ces fonds se gardent au sec pendant 15 jours dans une boîte hermétique. Ne craignez pas de les préparer à l'avance.

Sirop à 28° Baumé

PRÉPARATION : 5 MN
CUISSON : 10 MN

1 KG DE SUCRE
1 LITRE D'EAU

Portez à ébullition l'eau et le sucre en remuant avec la spatule jusqu'à ce que le sucre soit complètement fondu. Arrêtez la cuisson dès l'ébullition. Laissez refroidir.
Conservation : 15 jours au réfrigérateur dans un pot hermétique ébouillanté au préalable. On peut prélever la quantité voulue au moment de chaque préparation

Coulis de fruits

PRÉPARATION : 10 MN

1 KG DE FRUITS FRAIS OU DE FRUITS AU SIROP OU CONGELÉS
600 G DE SUCRE SEMOULE

POT AVEC COUVERCLE HERMÉTIQUE

Avec des fruits frais :
Si nécessaire ; lavez, pelez et dénoyautez les fruits puis passez-les au mixer pendant 2 mn en ajoutant le sucre.

Conservation : 8 jours au maximum au réfrigérateur

Congélation : Le coulis se congèle très bien, mais il faut le fouetter pendant la décongélation afin de garder la masse bien homogène.

Conservation au congélateur : 6 mois.

Hors saison : Utilisez des fruits au sirop, plus ou moins égouttés, mixez-les alors sans adjonction de sucre ; ou des fruits surgelés, mais dans ce cas, ne les recongelez surtout pas.

Sauce à l'orange

PRÉPARATION : 30 MN
CUISSON : 15 MN

POUR 1 LITRE :

2 ORANGES NON TRAITÉES
1 LITRE DE SAUCE A LA VANILLE (CI-DESSOUS)

Zestez finement la peau des oranges sans toucher à la peau blanche amère. Utilisez de préférence un canneleur car il fera des zestes plus fins. Faites blanchir les zestes quelques secondes dans l'eau bouillante. Versez-les dans la passoire et rafraîchissez-les sous l'eau froide.
Ajoutez les zestes dans le lait et procédez ensuite comme pour la sauce à la vanille.
Laissez refroidir dans un bain froid puis au réfrigérateur jusqu'au moment de servir.

Conservation : 24 h au réfrigérateur.

Sauce à la vanille

PRÉPARATION : 20 MN
CUISSON : 15 MN
REFROIDISSEMENT : 30 MN

POUR 1 LITRE :

1/2 LITRE DE LAIT
1 GOUSSE DE VANILLE
210 G DE SUCRE SEMOULE
6 JAUNES D'ŒUFS

Procédez comme pour la glace à la vanille (p. 7) sans ajouter de crème. Laissez refroidir la sauce avant de la mettre au réfrigérateur où elle doit rester jusqu'au moment d'être servie.

Conservation : 48 h au réfrigérateur.

Chantilly (base)

La chantilly sert à décorer les entremets glacés et les coupes individuelles. Pour les sorbets, il est préférable de napper de coulis de fruits.

PRÉPARATION : 10 MN
REFROIDISSEMENT : 1 H

POUR 1/2 LITRE :

2 DL DE CRÈME FRAÎCHE (ENVIRON 160 G)
ET 4 CUILLERÉES A SOUPE DE LAIT
OU 2,5 DL DE CRÈME FLEURETTE
3 CUILLERÉES A SOUPE DE SUCRE GLACE OU SEMOULE

BOL
FOUET ÉLECTRIQUE

Je vous conseille l'emploi de la crème liquide dite « fleurette » qui monte mieux que la crème double.
Mettez le bol contenant tous les ingrédients et le fouet au réfrigérateur pendant 1 h au moins, ou 20 mn au congélateur.
Battez les ingrédients de la chantilly à grande vitesse pour la faire augmenter de volume. Au bout de 4 mn environ elle épaissit en formant des vagues. Arrêtez de battre et dressez rapidement avec la poche à douille ou étalez à la palette.

Conservation : 24 h au réfrigérateur dans un bol hermétique. Donnez quelques coups de fouet à main dans la masse avant de l'utiliser.

Conseil : A défaut de lait glacé, utilisez de l'eau minérale ou de source très froide.

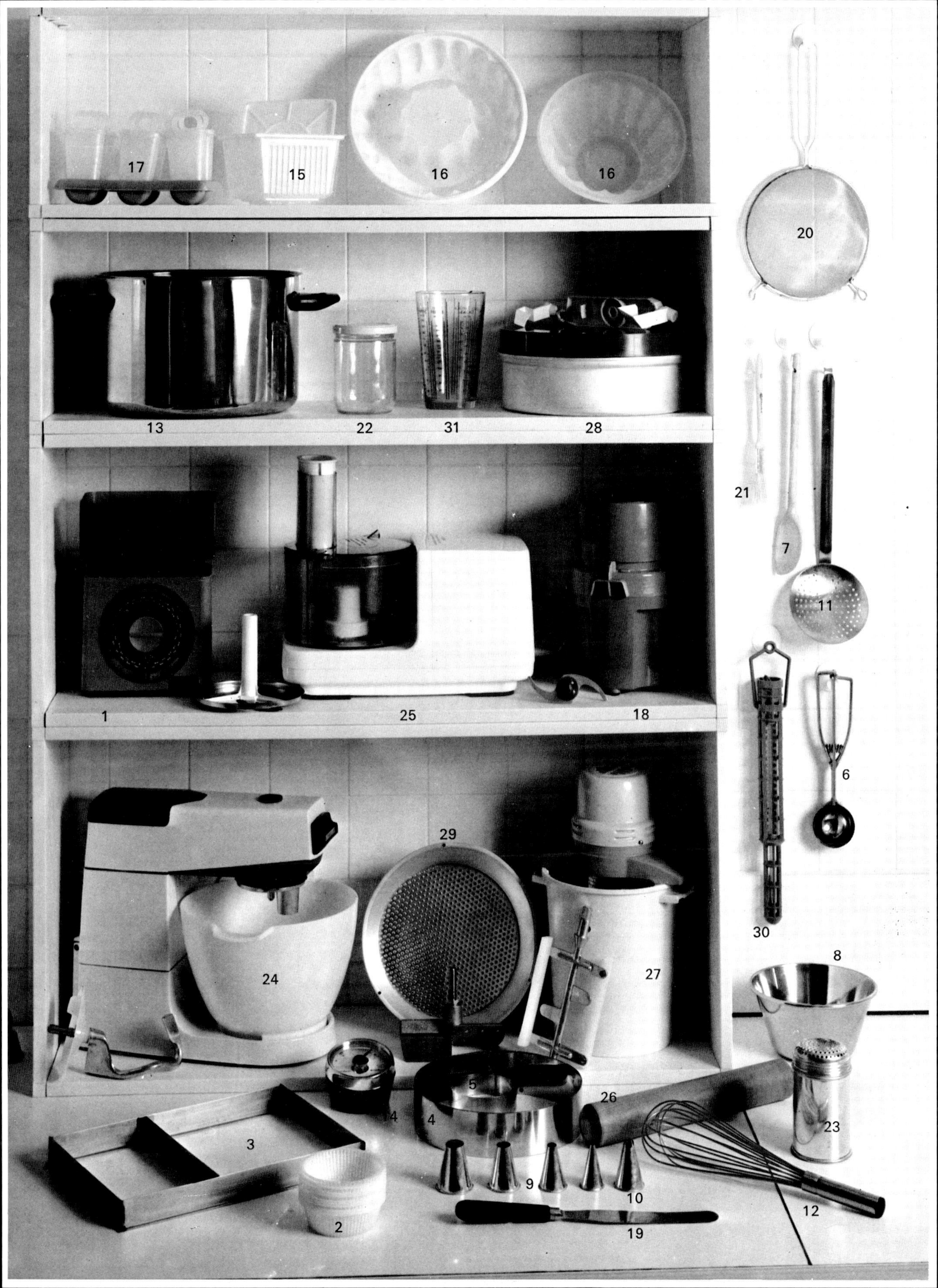

Matériel utilisé

EXPLICATION DES PRINCIPAUX TERMES EMPLOYÉS

DRESSER : mettre en forme une pâte, avec une poche à douille ou avec une cuiller. Présenter un mets de façon attrayante sur un plat de service ou une coupe.
ÉMINCER : couper en tranches fines.
ÉMONDER : enlever la peau des amandes après les avoir ébouillantées.
FRÉMISSEMENT : léger mouvement d'un liquide précédant l'ébullition.
GLACER : faire durcir une préparation au congélateur ou au freezer.
INFUSER : mettre une plante quelques minutes dans un liquide très chaud pour le parfumer.
MACÉRER : laisser baigner des fruits plusieurs heures dans une préparation froide aromatique souvent alcoolisée.
MASSE : mélange homogène de quelques ingrédients, servant de base à une autre préparation plus élaborée.
NAPPER : recouvrir une glace d'une sauce au moment de la servir. Se dit également d'une sauce qui a épaissi : « Elle nappe la spatule. »
PUNCH : sirop alcoolisé.
SABLER : faire tomber en sable du sucre cuit au boulé.
SIROP : mélange d'eau et de sucre porté à ébullition puis refroidi, servant de base à de nombreuses préparations.
SUCRE GLACE : sucre très fin ; on peut l'obtenir en broyant du sucre semoule ou en morceaux au mixer ; on peut également l'acheter tout prêt dans les épiceries.
TRAVAILLER : rendre homogène une préparation à l'aide d'une spatule ou d'un fouet ou à la main.
TURBINER : mettre un appareil liquide en sorbetière pour le faire prendre en glace.
VANNER : remuer avec une spatule une préparation liquide pendant sa cuisson ou son refroidissement.
ZESTER : râper une écorce d'orange ou de citron avec une râpe à fromage ou un zesteur.

Les termes employés par les glaciers et les confiseurs ont souvent un sens différent de la coutume.

ABAISSE : pâte amincie et allongée au rouleau.
APPAREIL : préparation servant de base à la confection d'une mousse, crème ou pâte.
ASSOUPLIR : rendre à une glace son moelleux initial en la mettant au réfrigérateur pour un temps ou en la travaillant à la spatule.
BEURRER : enduire de beurre les parois et le fond d'un moule à l'aide d'un pinceau.
BAIN-MARIE : casserole d'eau chaude ou bouillante dans laquelle on pose un cul-de-poule ou un récipient dont le contenu doit être réchauffé, fondu ou cuit.
BAIN FROID : récipient rempli d'eau froide et de glaçons dans lequel on pose un cul-de-poule dont le contenu doit être refroidi rapidement.
BLANCHIR : fouetter les jaunes d'œufs et le sucre jusqu'à ce que le mélange soit blanc et mousseux. Passer à l'eau bouillante des fruits pour les attendrir ou leur enlever leur acidité.
CHEMISER : garnir intérieurement les parois d'un moule, d'une couche de glace, d'un décor ou d'une feuille de papier.
CORNER : racler l'intérieur d'un récipient avec la corne en plastique.
DEGRÉ BAUMÉ : unité de mesure permettant de calculer la densité d'un sirop à base de sucre (voir p. 57, sirop à 28° Baumé).

Matériel photographié

1 Balance
2 Caissettes à baba plastifiées
3 Cadre métallique avec règle amovible
4 Cercle métallique à entremets
5 Cercle métallique à tartelette
6 Cuiller à glace inoxydable (1/20e de litre, contenance conseillée)
7 Cuiller en bois
8 Cul-de-poule en acier inoxydable
9 Douilles unies ∅ 0,2 cm à 2 cm
10 Douille cannelée
11 Écumoire
12 Fouet en acier inoxydable
13 Marmite en acier inoxydable
14 Minuteur
15 Moule en plastique avec couvercle pour glace d'un litre
16 Moules à 2 ouvertures pour entremets glacés
17 Moules à sucettes glacées
18 Moulinette électrique
19 Palette métallique
20 Passoire
21 Pinceau plat
22 Pot à confiture avec couvercle à vis
23 Poudrette à sucre glace
24 Robot avec bol mélangeur à plusieurs vitesses
25 Robot-coupe avec couperet et râpe à émincer
26 Rouleau à pâtisserie
27 Sorbetière avec seau et pale en plastique
28 Sorbetière pour congélateur
29 Tamis
30 Thermomètre à sucre
31 Verre gradué

Table des Matières

Les glaces aux œufs

Conseils généraux ... 7
Glace à la vanille ... 7
Glaces panachées à la vanille ... 8
Profiteroles ... 10
Omelette norvégienne ... 11
Coupes individuelles ... 11
Coupe aux groseilles ... 13
Coupe Juanita banana ... 13
Coupe aux fruits exotiques ... 13
Meringue glacée ... 13
Poire belle Hélène ... 14
Tulipe de fruits Melba ... 14
Coupe concorde ... 15
Coupe Côte-d'Ivoire ... 15
Glace fin moka ... 15
Café liégeois ... 17
Glace aux marrons ... 17
Glace à la pistache ... 17
Couronne périgourdine ... 18
Glace à la noix de coco ... 18
Glace marrons-poires ... 18
Glace praliné noisettes ... 20
Glace au chocolat ... 20
Glace praliné-délices ... 20
Succès glacé Sylvie Lenôtre ... 21
Glace aux pruneaux d'Agen ... 21
Coupe à l'armagnac ... 21

Les sorbets

Conseils généraux ... 23
Purée de fruits ... 23
Sorbet aux abricots frais ... 24
Sorbet à la banane ... 25
Sorbet au cassis ... 25
Sorbet à l'ananas dans le fruit ... 25
Sorbet au citron ... 26
Sorbet aux fraises ... 28
Sorbet aux framboises ... 28
Sorbet aux groseilles ... 28
Sorbet au melon ... 28
Sorbet aux mangues ... 29
Sorbet aux pêches fraîches ... 29
Sorbet aux poires au sirop ... 29
Coupe Val-de-Loire ... 31
Tulipe framboisée ... 31
Sorbet aux fruits de la Passion ... 31
Coupe aux fruits de la Passion ... 32
Fruits givrés ... 32
Sorbet à l'orange ou à la mandarine ... 34
Sorbet au pamplemousse ... 34
Sorbet au calvados ou au kirsch ... 34
Sorbet au champagne ... 35
Sorbet au cidre ... 35
Sorbet au porto ... 35
Sorbet champagne-framboises ... 36
Coupe champagne-framboises ... 36
Café frappé ... 36
Chocolat frappé ... 38
Granité au café ... 38
Granité au thé ... 38

Parfaits et entremets glacés

Conseils généraux ... 39
Boule de neige ... 40
Parfait au café ... 40
Parfait au chocolat ... 42
Parfait au chocolat individuel ... 42
Parfait à la vanille ... 43
Parfait à la vanille parfumé au café ... 43
Parfait à l'alcool ... 46
Biscuit glacé de Cognac ... 46
Biscuit glacé du Roussillon ... 47
Biscuit glacé Medicis ... 47
Rosace glacée au Grand-Marnier ... 49
Soufflé panaché à la vanille ... 49
Soufflé Port-Royal ... 52
Soufflé au Grand-Marnier ... 52
Vacherin fin moka ... 53
Vacherin aux fraises ou aux framboises ... 53

Recettes de base et sauces d'accompagnement

Biscuit aux amandes ... 55
Biscuit orange aux amandes ... 56
Meringue française ... 56
Fond de succès ... 57
Sirop à 28° Baumé ... 57
Coulis de fruits ... 57
Sauce à l'orange ... 58
Sauce à la vanille ... 58
Chantilly ... 58

N° d'édition 11773